内蒙古歷代方志集成

第一輯 ⑧

新修清水河廳志

新修山西清水河廳志

內蒙古自治區人民政府地方志研究室 編

山西出版傳媒集團 三晋出版社

圖書在版編目（CIP）數據

（光緒）清水河廳志二種 / 内蒙古自治區人民政府地方志研究室編. 一 太原：三晋出版社，2022.10
（内蒙古歷代方志集成）
ISBN 978-7-5457-2589-6

Ⅰ.①光… Ⅱ.①内… Ⅲ.①清水河縣—地方志—清代 Ⅳ.①K292.64

中國國家版本館CIP數據核字（2023）第141052號

（光緒）清水河廳志二種

編　　者：	内蒙古自治區人民政府地方志研究室
責任編輯：	張仲偉
責任印製：	李佳音
裝幀設計：	劉　磊
出 版 者：	山西出版傳媒集團・三晋出版社
地　　址：	太原市建設南路21號
電　　話：	0351-4956036（總編室） 0351-4922203（印製部）
網　　址：	http://www.sjcbs.cn
經 銷 者：	新華書店
承 印 者：	山西基因包裝印刷科技股份有限公司
開　　本：	787mm × 1092mm　1/16
印　　張：	46.25
字　　數：	400千字
版　　次：	2022年10月 第1版
印　　次：	2023年 8 月 第1次印刷
書　　號：	ISBN 978-7-5457-2589-6
定　　價：	380.00圓

ISBN 978-7-5457-2589-6

如有印裝質量問題，請與本社發行部聯繫　電話：0351-4922268

〔清〕文秀 總纂 〔清〕盧夢蘭 編纂

新修清水河廳志

二十卷

清光緒抄本

新修清水河廳志

元

元集

海外青年人氣志

下

新修清水河廳志

歲在癸未仲冬

長白文秀題

光緒九年歲在
昭陽協洽新修

宮保爵撫憲曾大中丞飭各廳州縣修志書札

巡撫部院曾　為札飭事照得本爵部院於光緒五年三月初九會同

閣部堂恭摺具

奏晉省設立書局先刻善本四書六經以便士民次議重修省志以存文獻欽奉

諭旨允准當經分別咨行在案查山西志書自康熙雍

正年間修輯後至今未及重修事關文獻豈可任其湮沒咸豐初年髮逆滋擾同治六年捻匪渡河地方被蹂躪者十餘屬男女殉節義者若而人禦寇防邊兼籌水陸依山設險添建硐牆鹽法之官運官銷營制之移兵移餉有關政體各有變更繼以七載之歉收三年之大祲戶口流亡過半賦稅蠲緩頻頒倉儲則悉數皆空善後則百廢未舉正宜

登諸記載昭示後來此志之所亟宜重修者也現
已由省聘請博通淹雅多識能文之儒纂修全省
通志所有各州縣志書亦須一律修輯以備採擇
考証之資藉免舛誤遺漏之患惟當經費支絀不
得不設法變通應將府志暫緩興修州縣原有志
書亦毋庸更動先令各牧令查明原修志書以後
應載各事實另修補志一册即照原分門類挨次

編纂其有原修志書以前事實前志未載應行添入者另列補遺一門或前志已載尚須辨正者另列糾誤一門以期簡便所需經費准就地方勸捐藉資應用一面訪請淵博之士總司修纂庶免貽譏通識資觀摩於往事垂文獻於來兹實於三晋吏治文風兩有裨益除札司局道府知照外合亟札飭到該廳即便遵照辦理毋違

志書總目録

榆灣漁唱

雉堞雞鳴

清水瀠波

渾河漖漲

小廟聖泉

雷音石佛

新修清水河廳志序

且事莫難於創始而功莫便於相因則欲述前人之遺徽以為後人之法守雖數百年以上之人心不可見而一為之博採修飾斯忠孝節義之志遂無不

昭然若揭如在目前則信矣郡
之不可無志猶國之不可無史
也余自庚辰冬承乏是邦下車
伊始適奉
曾大中丞札飭各廳州縣重修
志書迺清水一屬僻處邊陲原

係蒙古草地荒陋已甚迨我
熙朝撫有中外始入版圖自乾隆元
初乃設官隸事諸多草創苟簡
闕畧是以歷代以前更無文獻
可徵第百有餘年其間豈無可
述徽音所當撰入志乘以垂不

朽者乎特莫為之後雖美弗傳茲於廢卷中獲前署倅恩澍堂先生修輯所見所聞蹟歷兩本是伊不自我先不自我後而乃得於深思遠慮之餘若有為之守先而待後者此其中殆有天

焉非人之所能為也爰集同志諸君就其原本廣詢博訪重加釐訂偽者証之遺者補之信者存之疑者闕之並取歷年以來之可傳者附於後而郡志始有完書閱一載而告成不禁喟然

曰甚哉修志之難也蓋地處山陬年踰甲子既多卷宗之散佚復少父老之傳聞則欲其簡而能該約而能詳不戞戞乎其難哉況余賤性錐魯問政未遑而區區纂輯之初心計惟是補修

前書編綴近事俾觀形勢而知山水之夷險覽舊蹟而識今古之廢興續義舉以紀人善志節孝以彰苦節傳人之志行吾之志此書成而吾志遂矣顧因陋就簡接墜緒於幾亡非敢云美

倫悉臻亦祇期白水盟心青山增色與二三同志樂觀厥成焉耳若夫興利除弊振廢起衰民何以厚政何以成有非常之人始克舉非常之業余不敏雖有志焉而未逮烏得不於後之君

子而深其屬望之思也夫是為
序旹
光緒九年歲在癸未十一月朔旦
誥授奉政大夫陞用同知知清水河
廳事長白文秀撰書

五

新修清水河廳志姓氏

督纂

布政使銜花翎分巡歸綏等處地方兵備道總理旗民蒙古事務加三級　阿克達春滿洲正白旗人

總纂

同知銜清水河蒙古民事府加三級　文秀字雲章滿洲鑲藍旗官學生

編纂

世襲雲騎尉太原府學貢生　盧夢蘭字香谷陽曲人

參訂

候銓縣丞盧瑞昌字麐符浙江人

偏關縣學增生李汝霖字雨亭偏關人

叅閱

六品銜升用縣在任儘先補用縣丞清水河巡政廳加三級周霖字靜泉直隸人

校閱

代理清水河巡政廳試用從九沈守正字端卿浙江人

試用訓導廩貢生　劉萬亨字會軒偏關縣人

校對

候銓從九品附生　王定國字鼎元偏關縣人

議叙從九品　武寬字厚菴偏關縣人

採訪

偏關縣學附生　郭雨青字潤之

議叙七品銜　韓毓仁

議敘七品銜賈子昭
議敘七品銜楊鳳岐
徐溝縣學武生喬毓正
偏關縣監生杜殿魁
徐溝縣文童喬天祿
吏員張錦
監修

候銓州吏目王召舉

謄錄

國子監太學生盧河字崑泉浙江人

偏關縣附生劉玉

軍功六品銜耿子康

大同縣附生史傑

監刋

經理　尚惠

三

新修清水河志

新修清水河廳志卷首

圖考

周官太史氏掌左圖右書蓋名物可以藉載籍而紀而形象則非圖莫可攷也誠以志之有圖豈非經野之先資哉清郡雖僻處荒陬顧疆域山川古蹟邊隘街市廨宇祠廟皆不可略兹特將各圖具繪於篇俾閱者開卷寓目瞭如指掌焉志圖考

疆域全圖

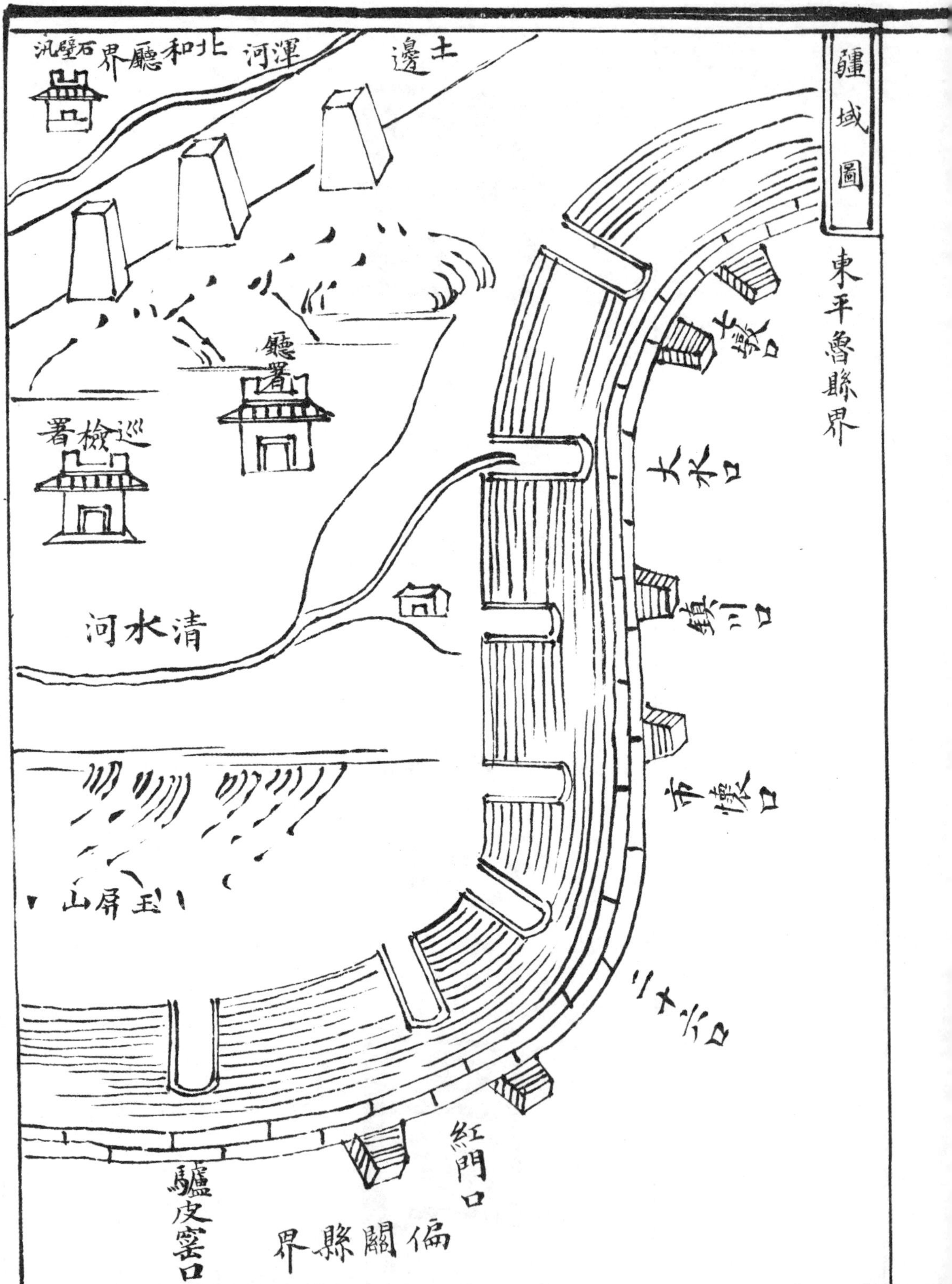
疆域圖
北和廳界石壁汛
運河
土邊
廳署
巡檢署
清水河
玉屏山
東平魯縣界
七墩口
大水口
鎮川口
市樓口
二十六口
紅門口
驢皮窯口
偏關縣界

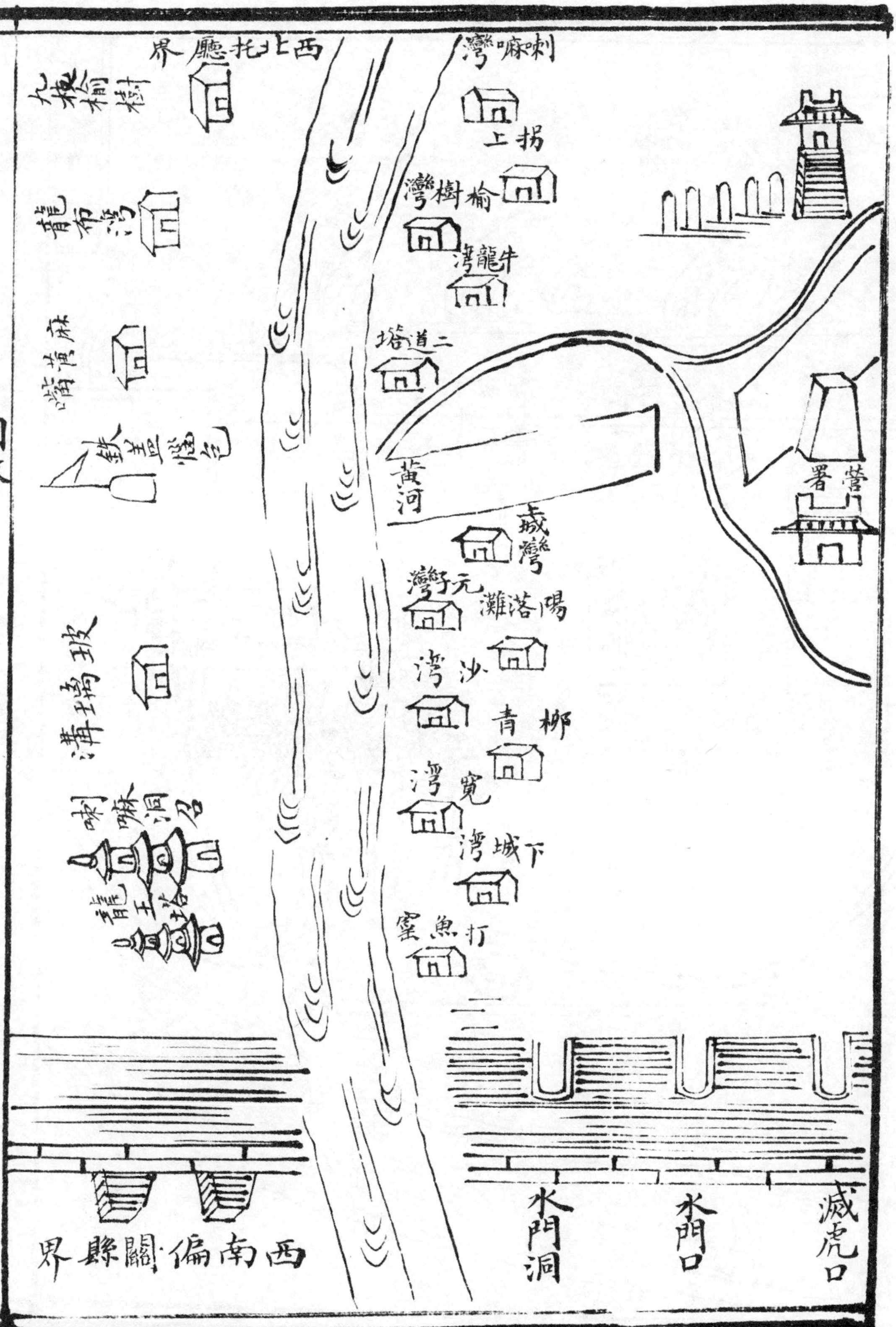
西北托廳界
喇嘛灣
拐上
榆樹灣
牛龍湾
二道塔
黃河
營署
九棵柳樹
龍布灣
麻黄嘴
城灣
元子灣
陽落灘
沙湾
柳青
寬湾
下城湾
打魚窰
玻瑀溝
喇嘛洞召
龍王塔
水門洞
水門口
滅虎口
西南偏關縣界

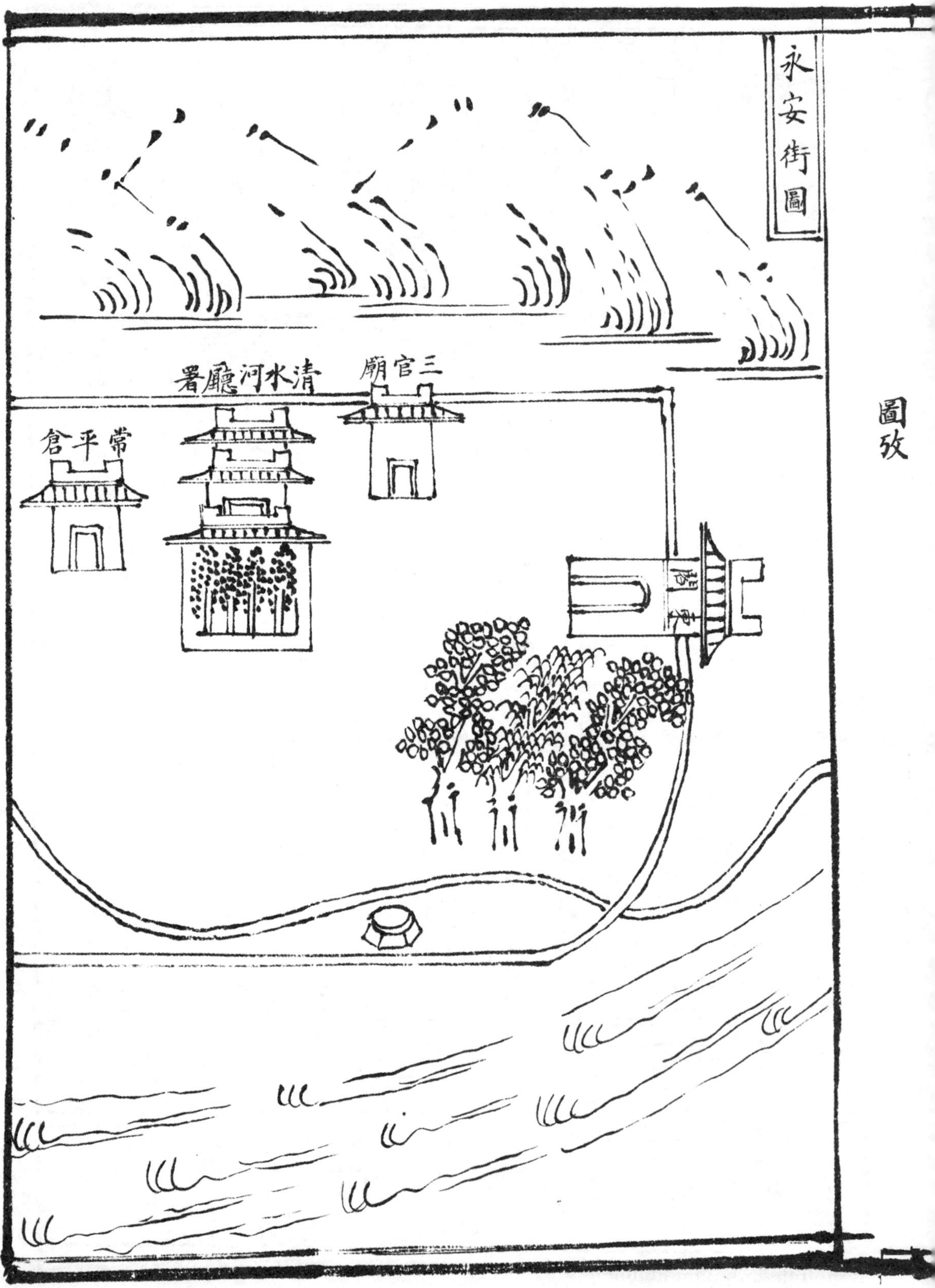
永安街圖
清水河廳署
三官廟
常平倉

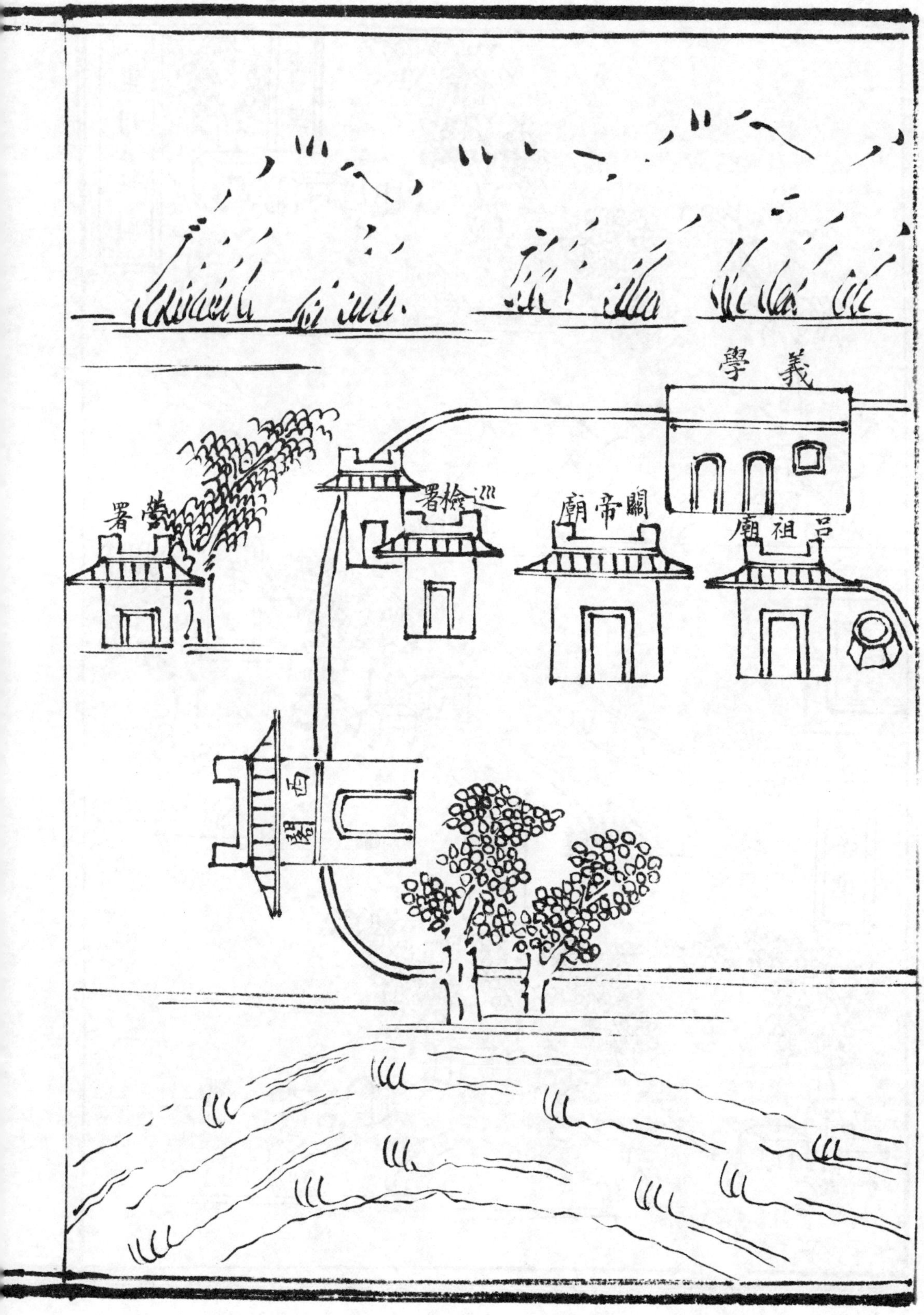
義學
營署
巡檢署
關帝廟
呂祖廟
西關

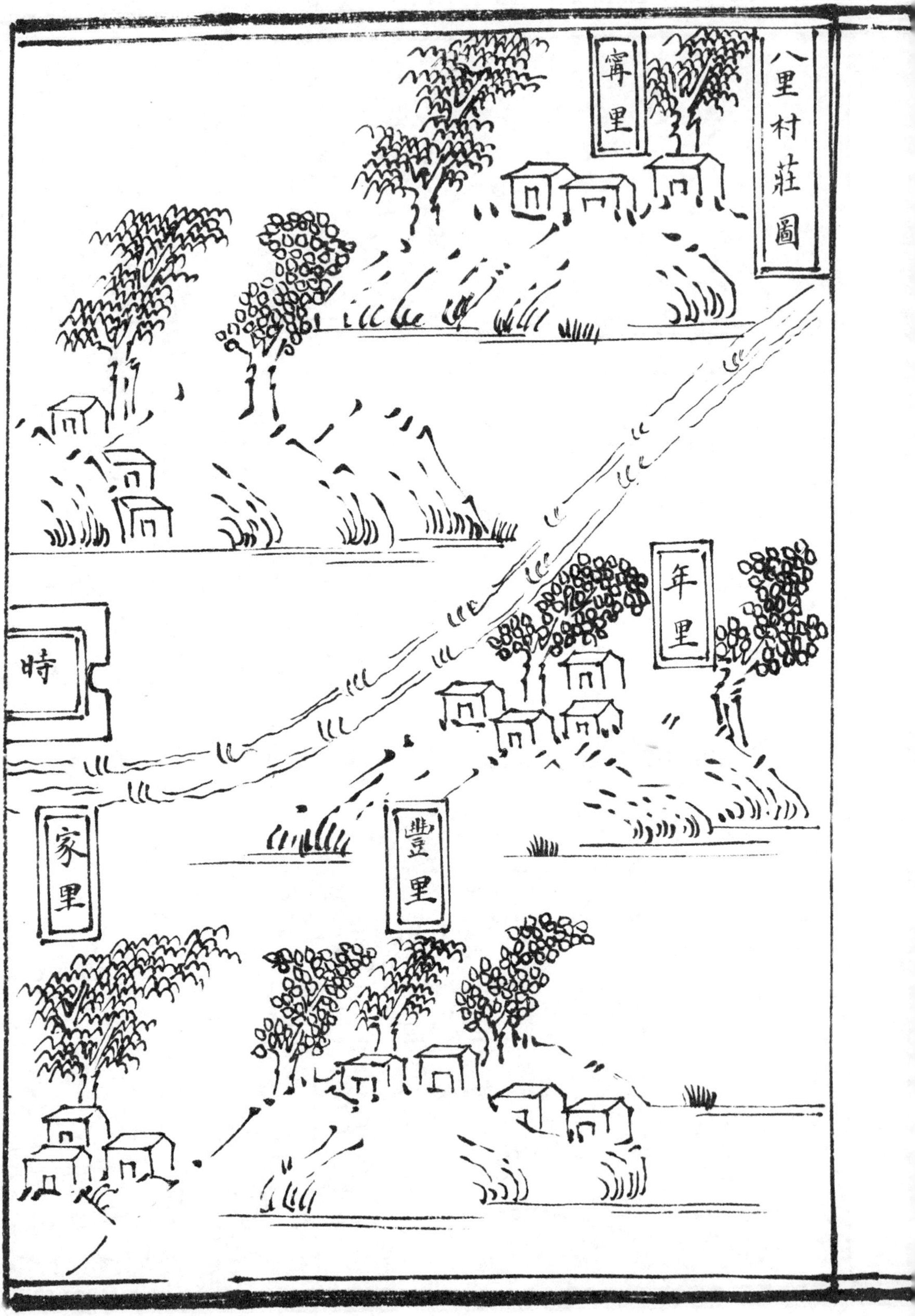
八里村莊圖
寗里
年里
時
家里
豊里

盈里
大路
里
室里
和里

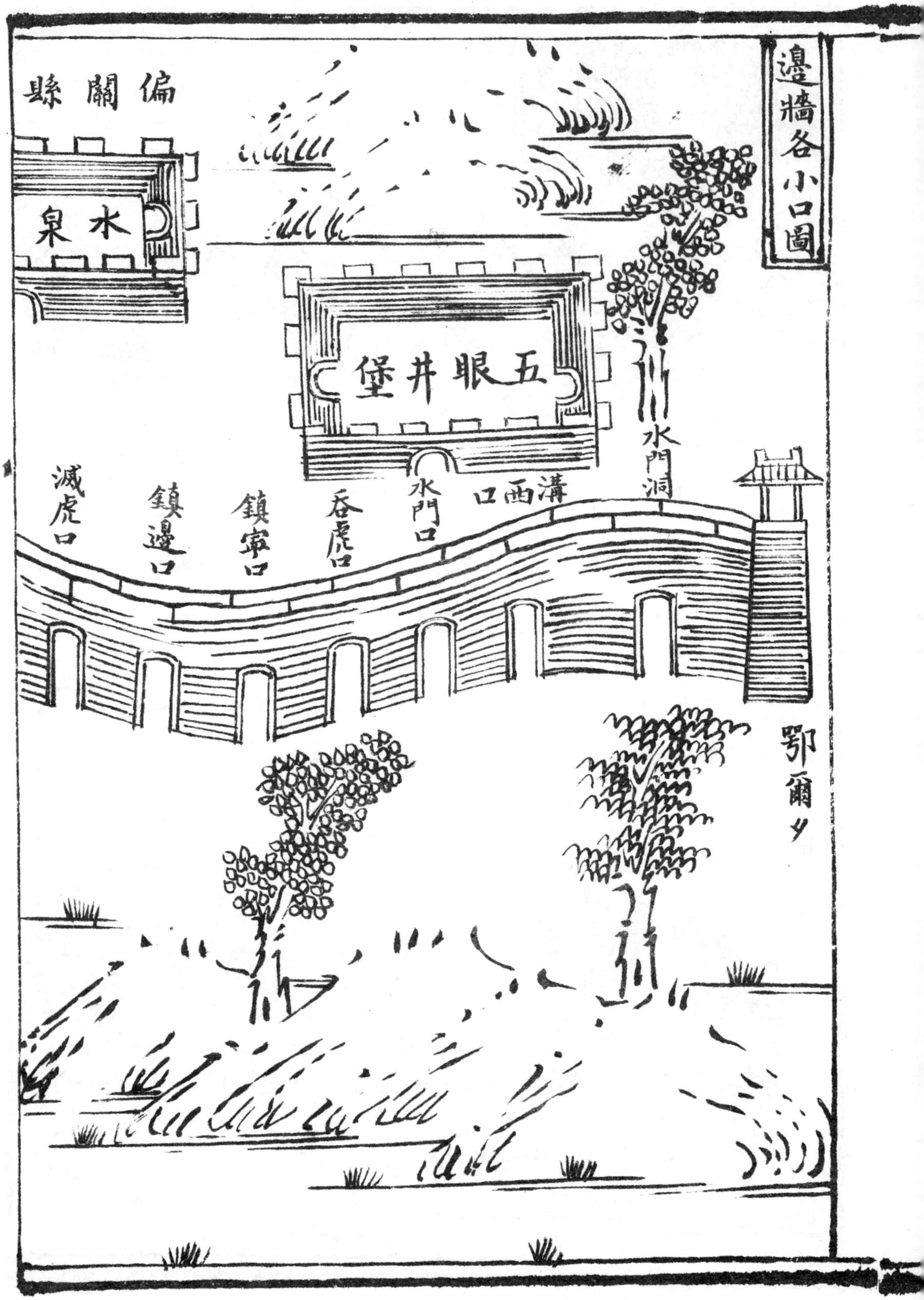
邊牆各小口圖
偏關縣
水泉
五眼井堡
水門洞
溝西口
水門口
吞虎口
鎮寧口
鎮邊口
滅虎口
鄂爾多

地方
營堡
滑石澗堡
西驢皮窑
東驢皮窑
紅門口
西要边口
十四墩口
九墩口
六墩口
四墩口
平魯縣界
鎮川口
大水口
七墩口

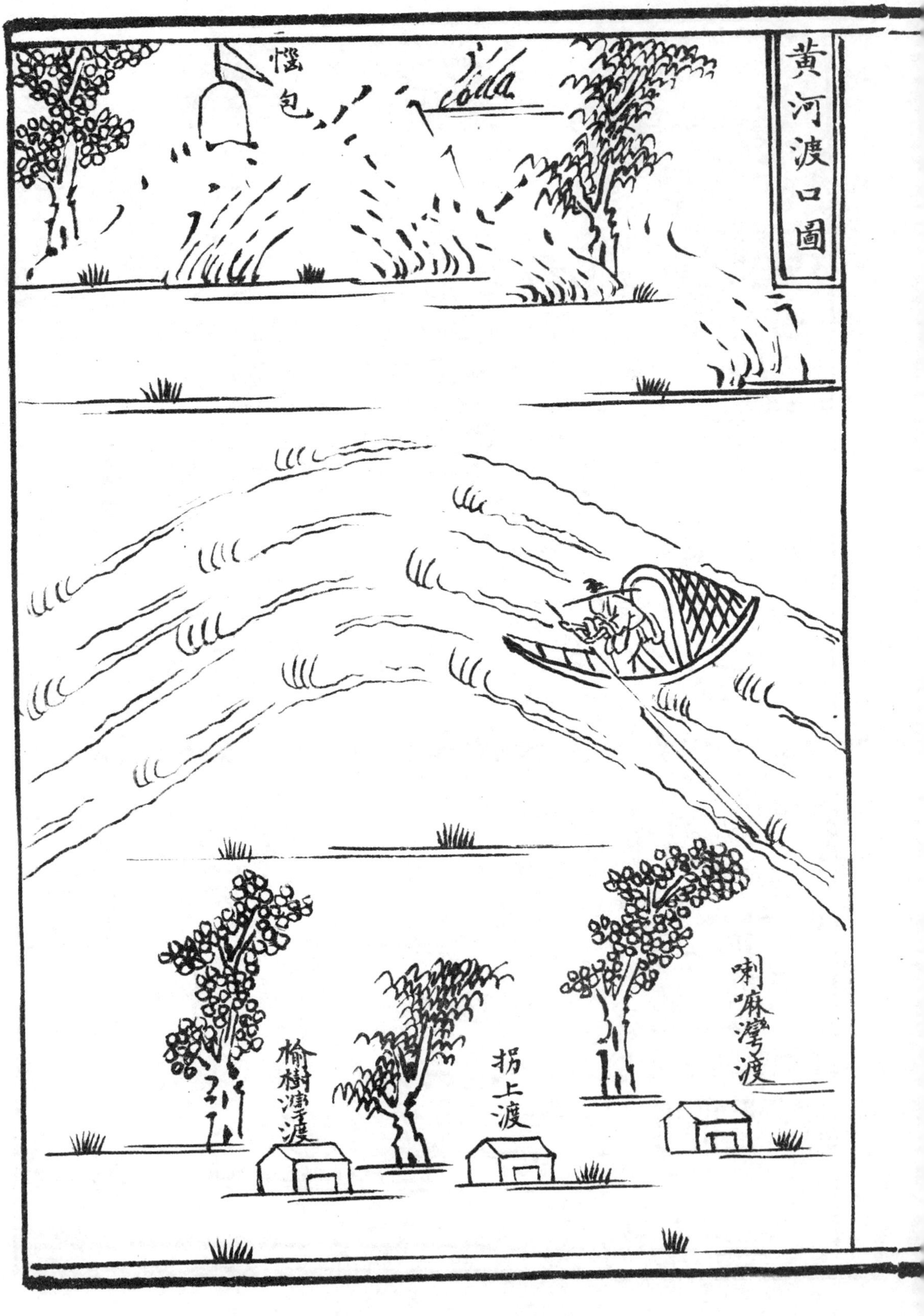
黃河渡口圖
惱包
榆樹灣渡
拐上渡
喇嘛灣渡

老牛灣渡
柳青渡
元子灣渡

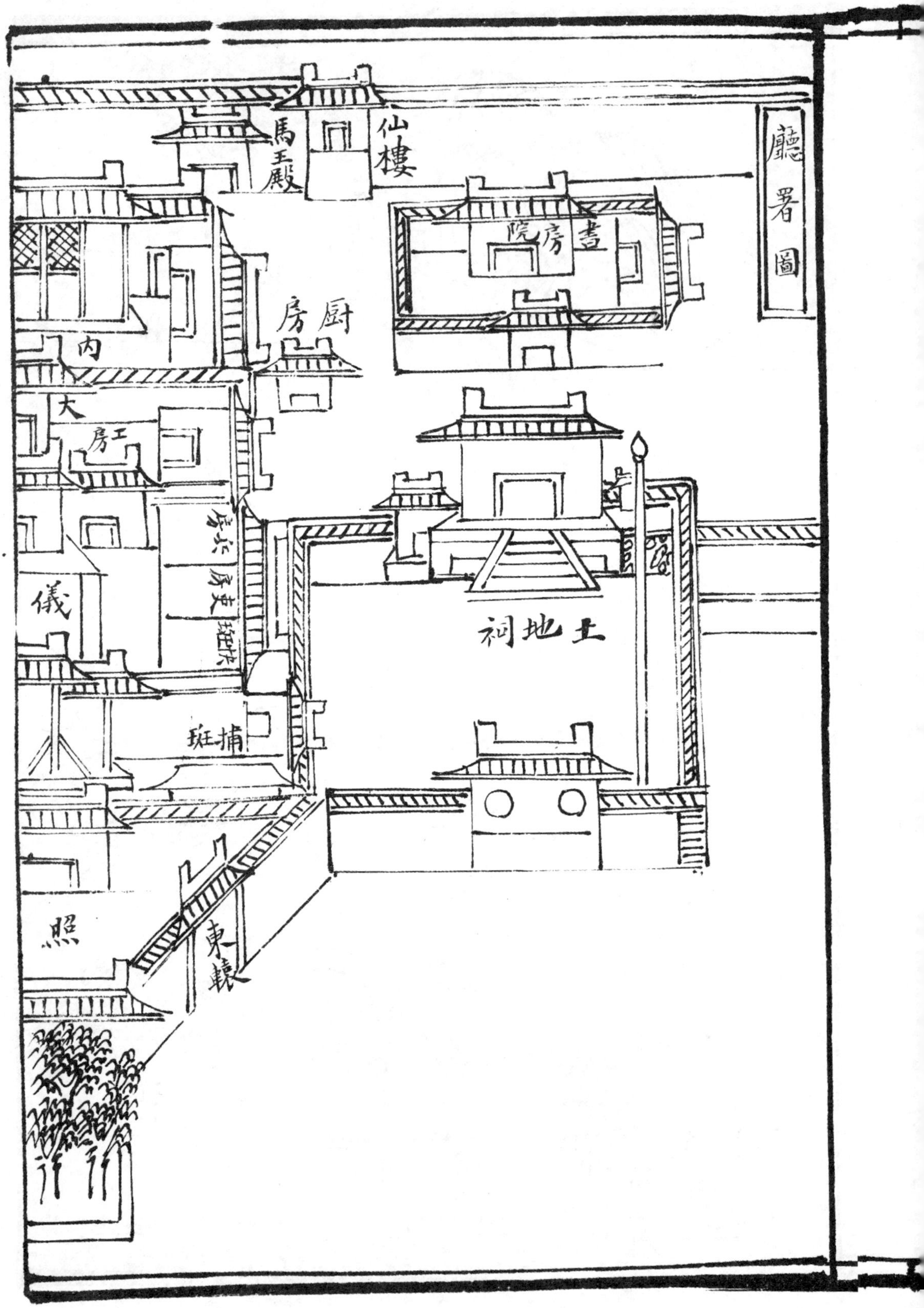

廳署圖
仙樓
馬王殿
書房院
厨房
内
大
工房
承房
吏房
快班
儀
土地祠
捕班
照
東轅

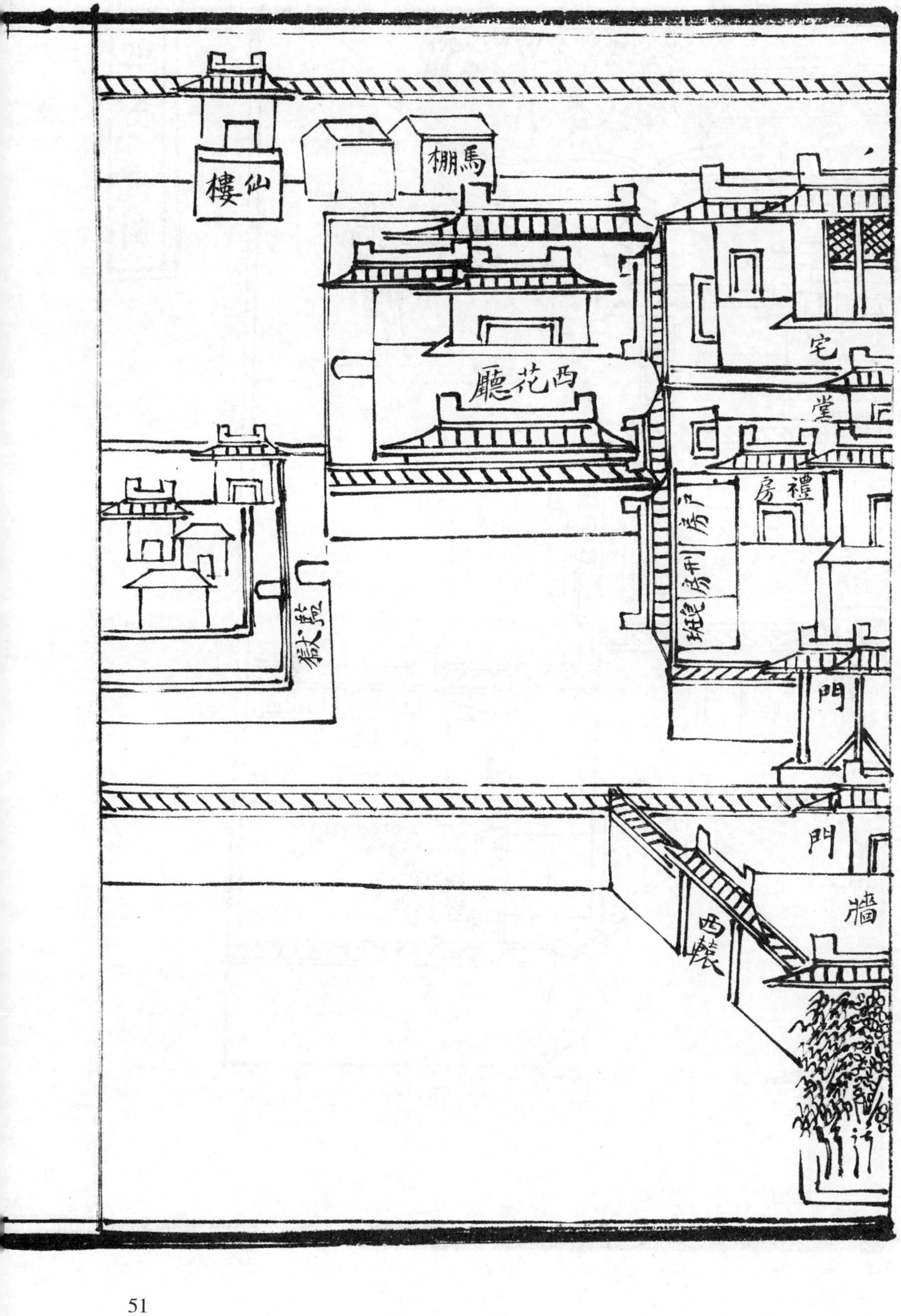
仙樓
馬棚
西花廳
監獄
宅堂
禮房
戶房
刑房
皂班
門
門
西轅
牆

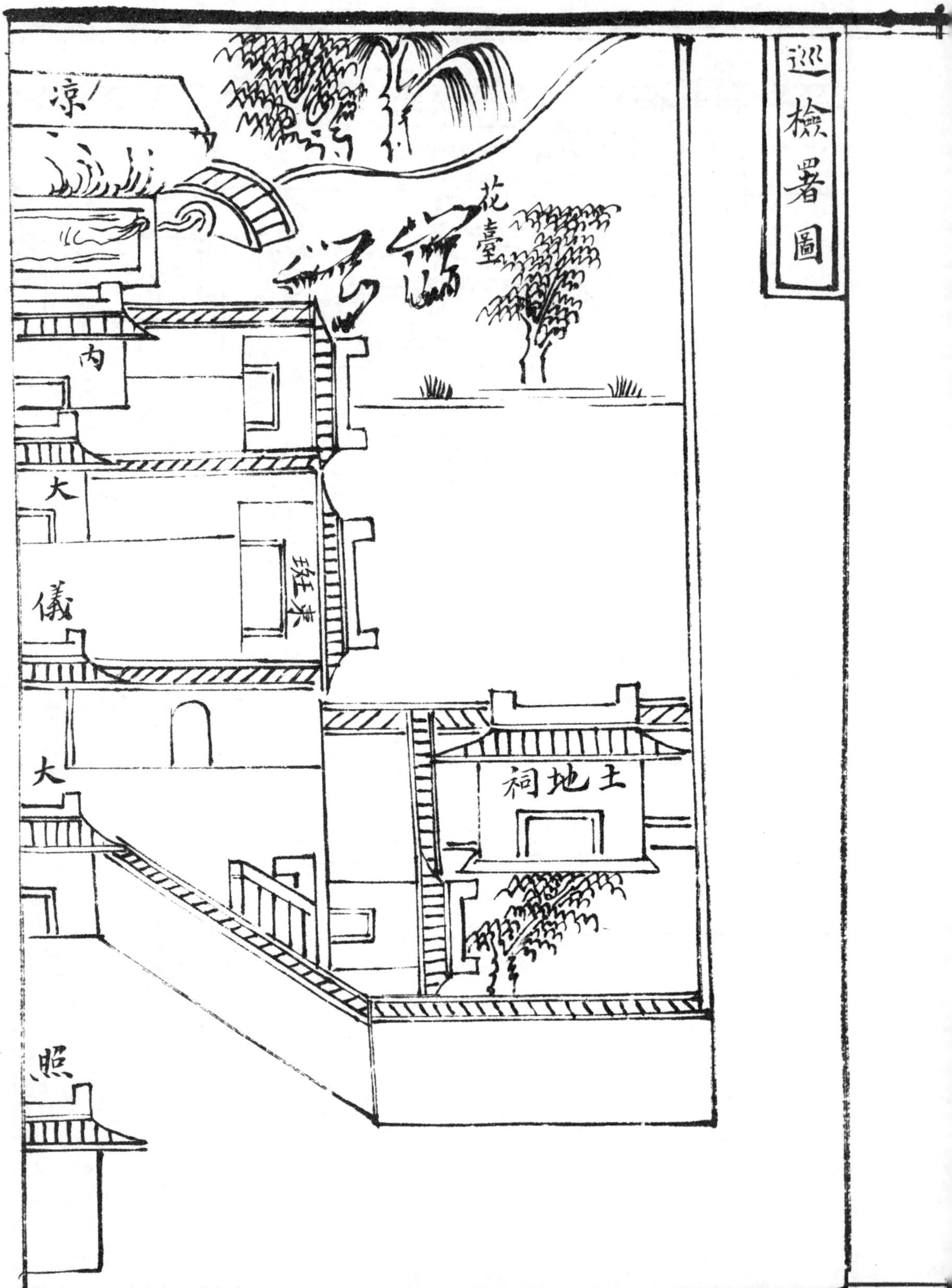
巡檢署圖
涼
花臺
内
大
班房
儀
大
土地祠
照

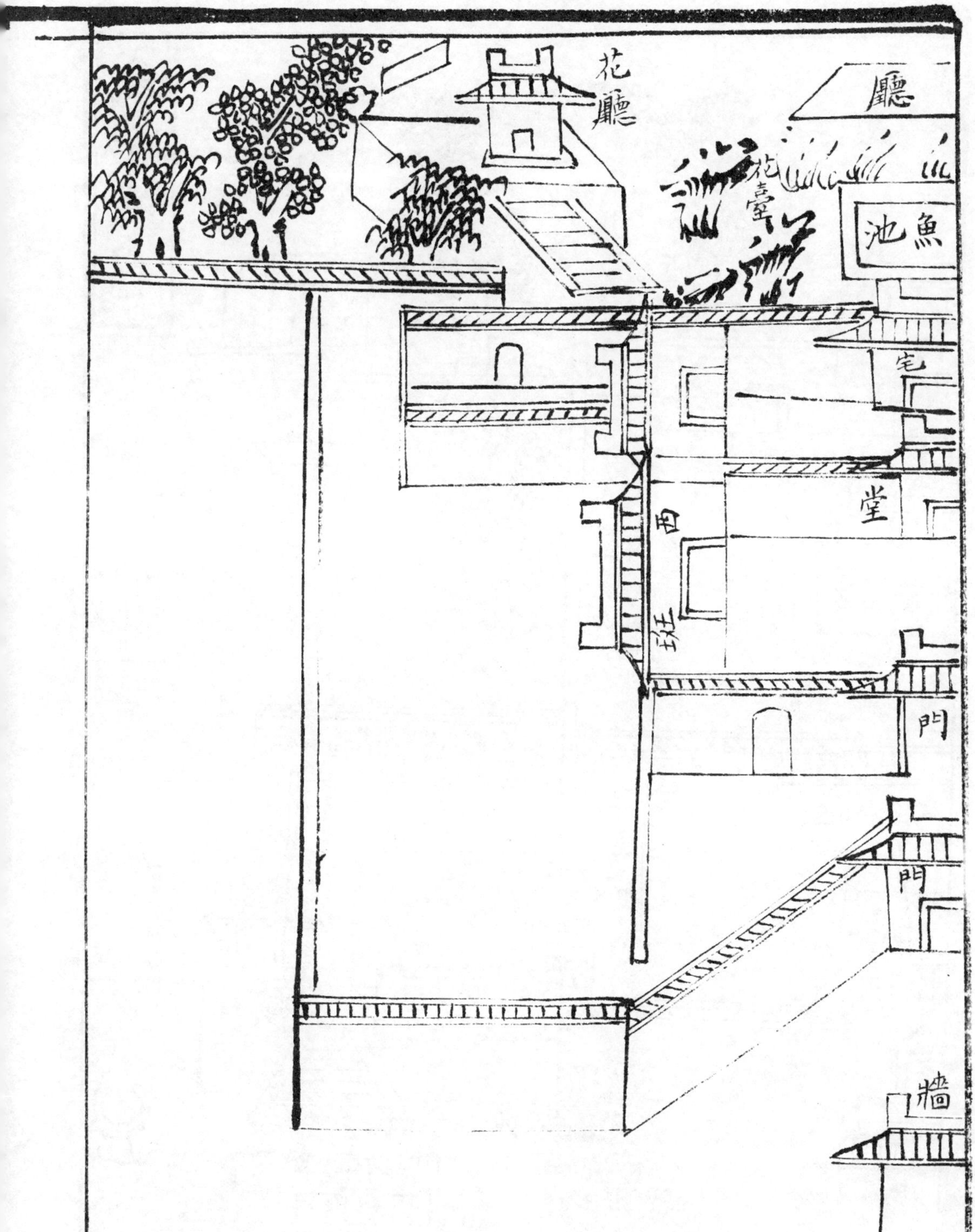
花廳
廳
花臺
魚池
宅
堂
西
班
門
門
牆

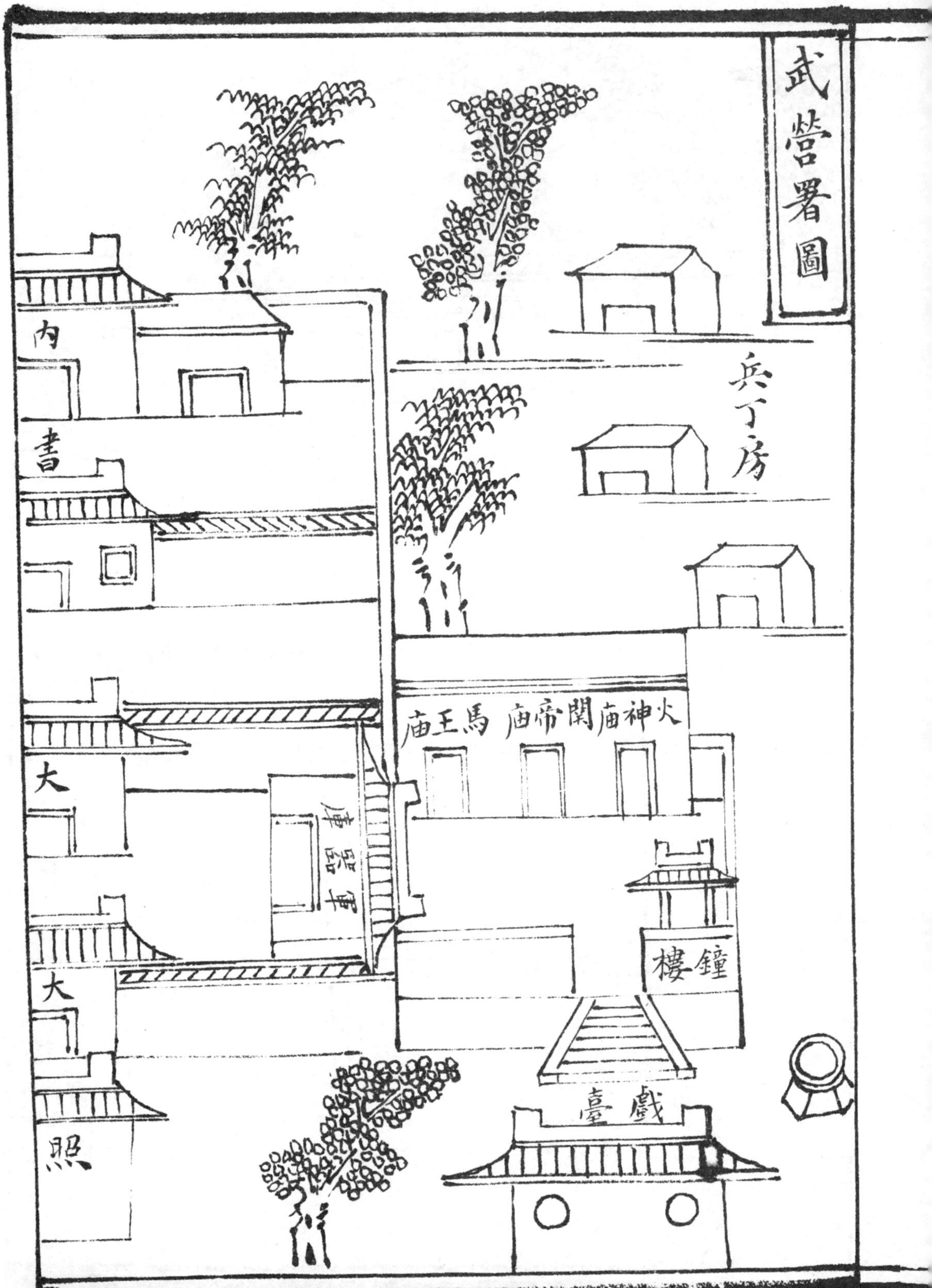
武營署圖
兵丁房
內
書
大
大
照
火神庙
關帝庙
馬王庙
軍器庫
鐘樓
戲臺

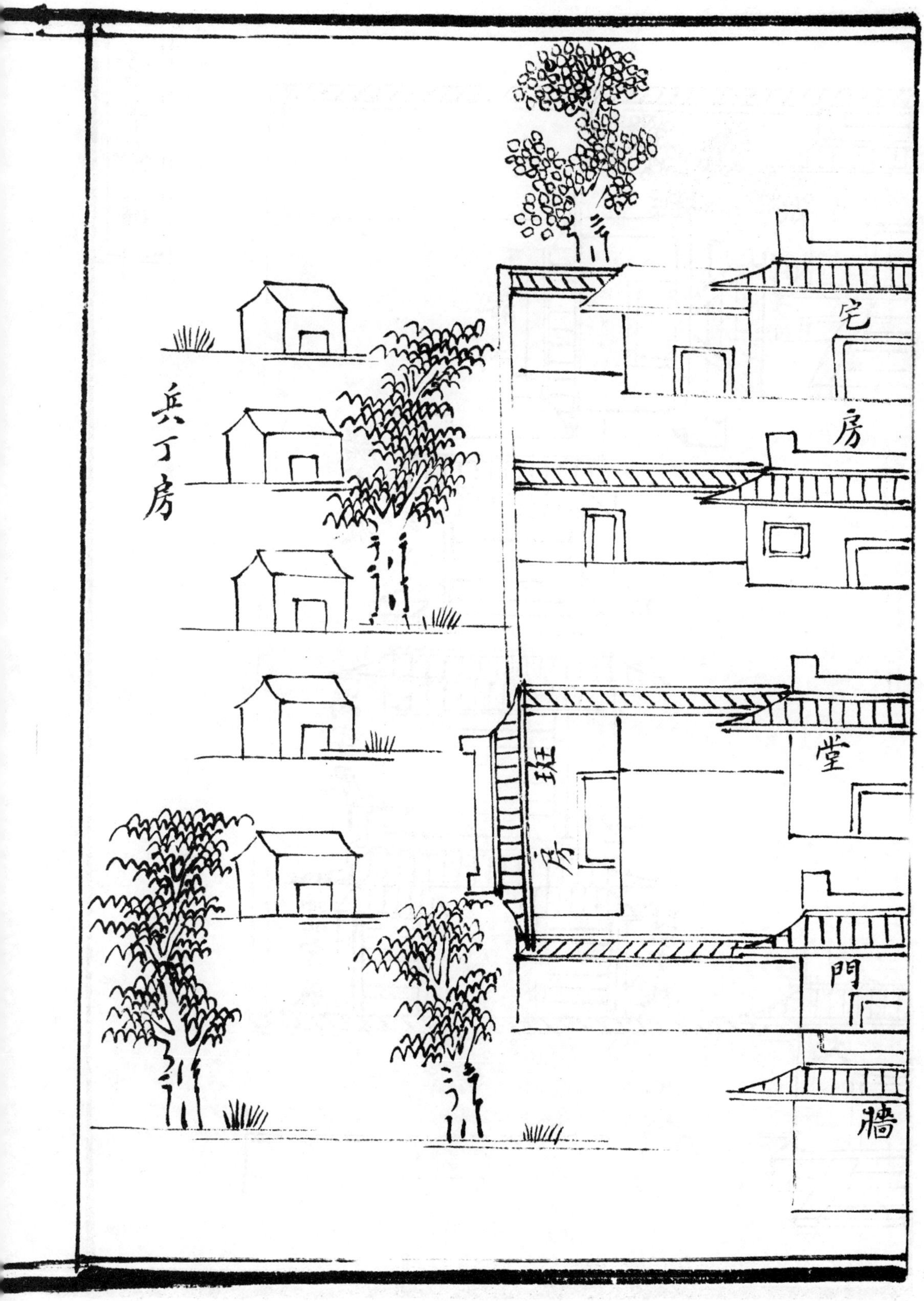
宅房
兵丁房
班房
堂
門
牆

常平倉圖

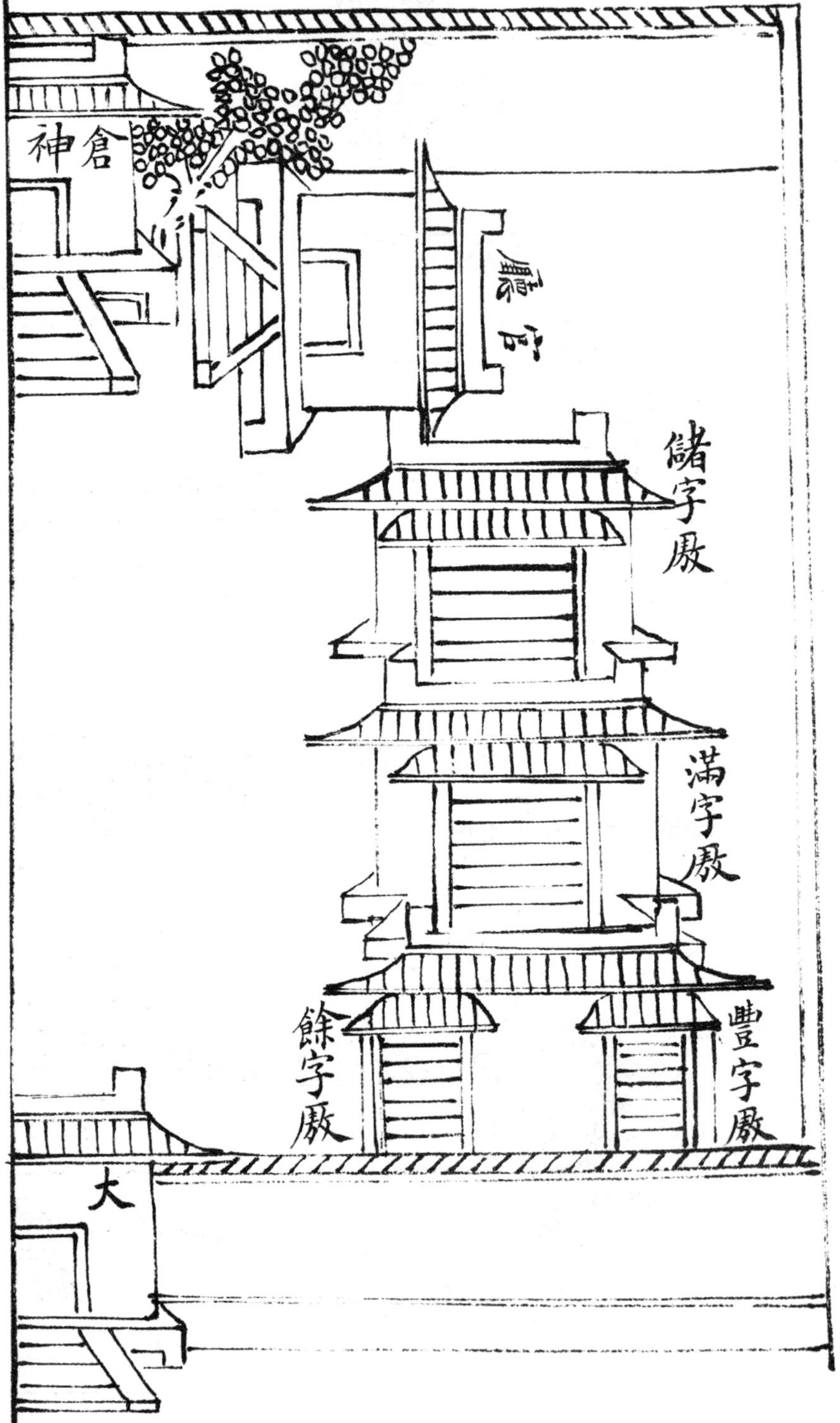

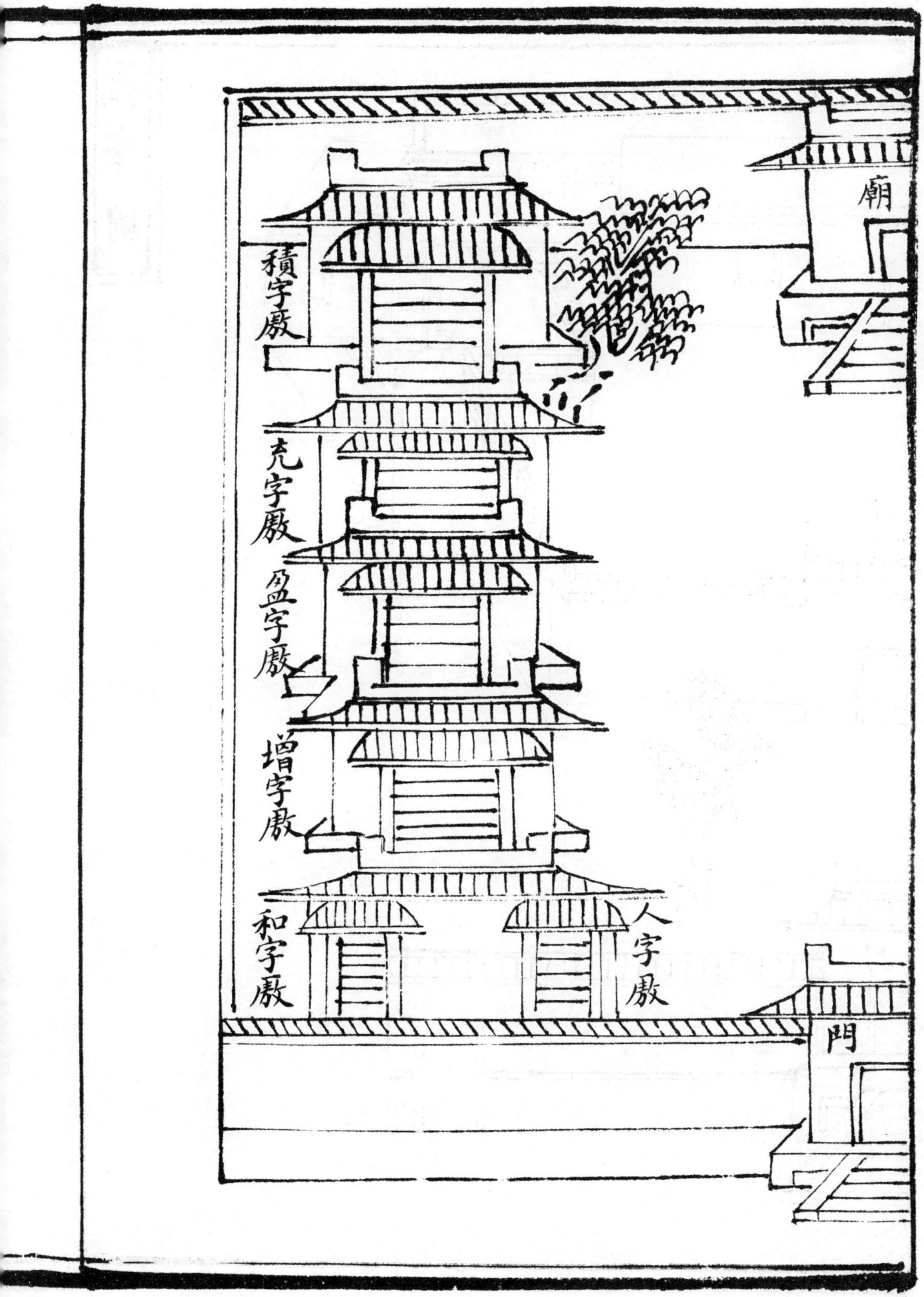
廟
積字廒
充字廒
盈字廒
增字廒
和字廒
人字廒
門

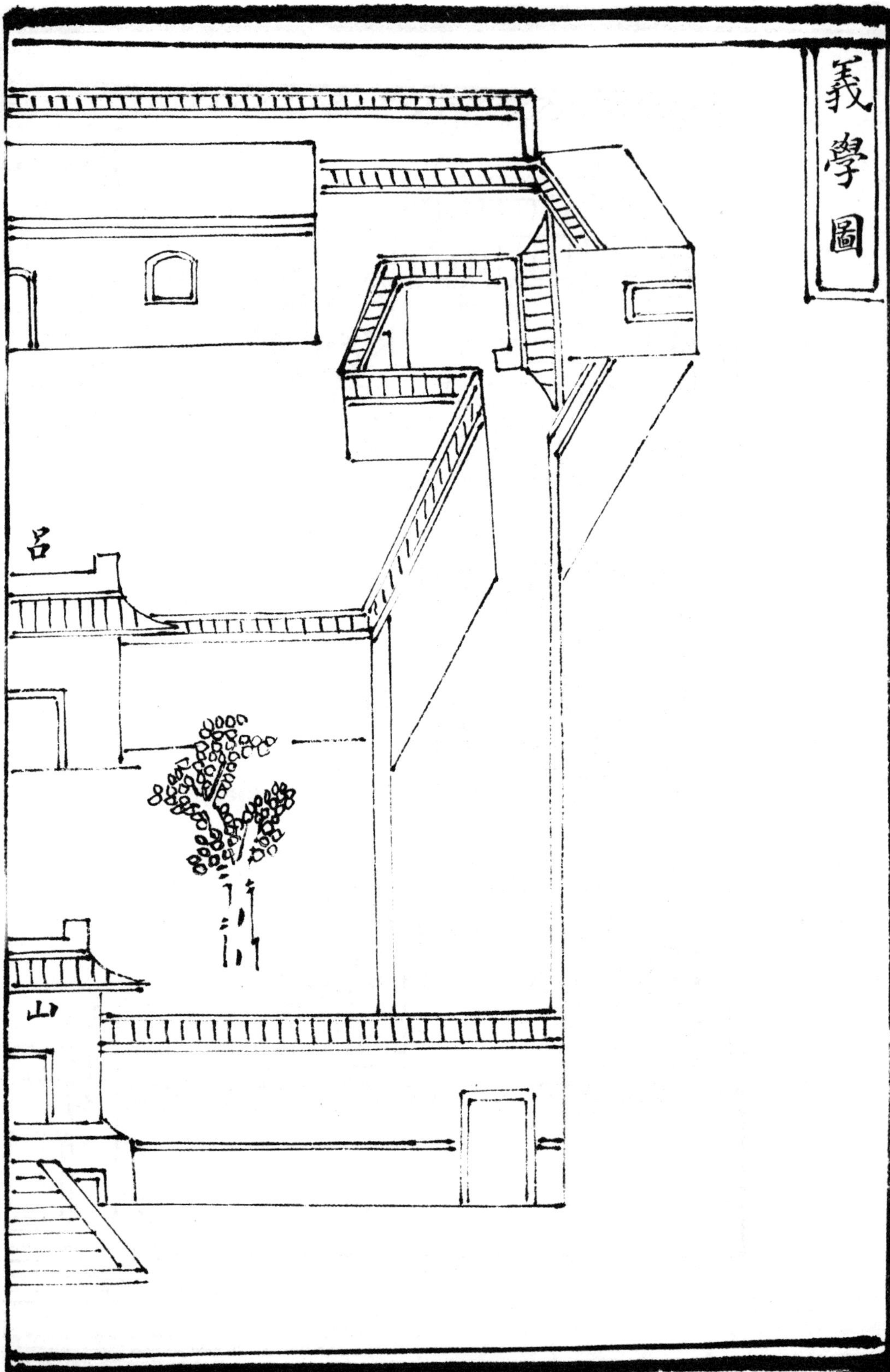

義學圖

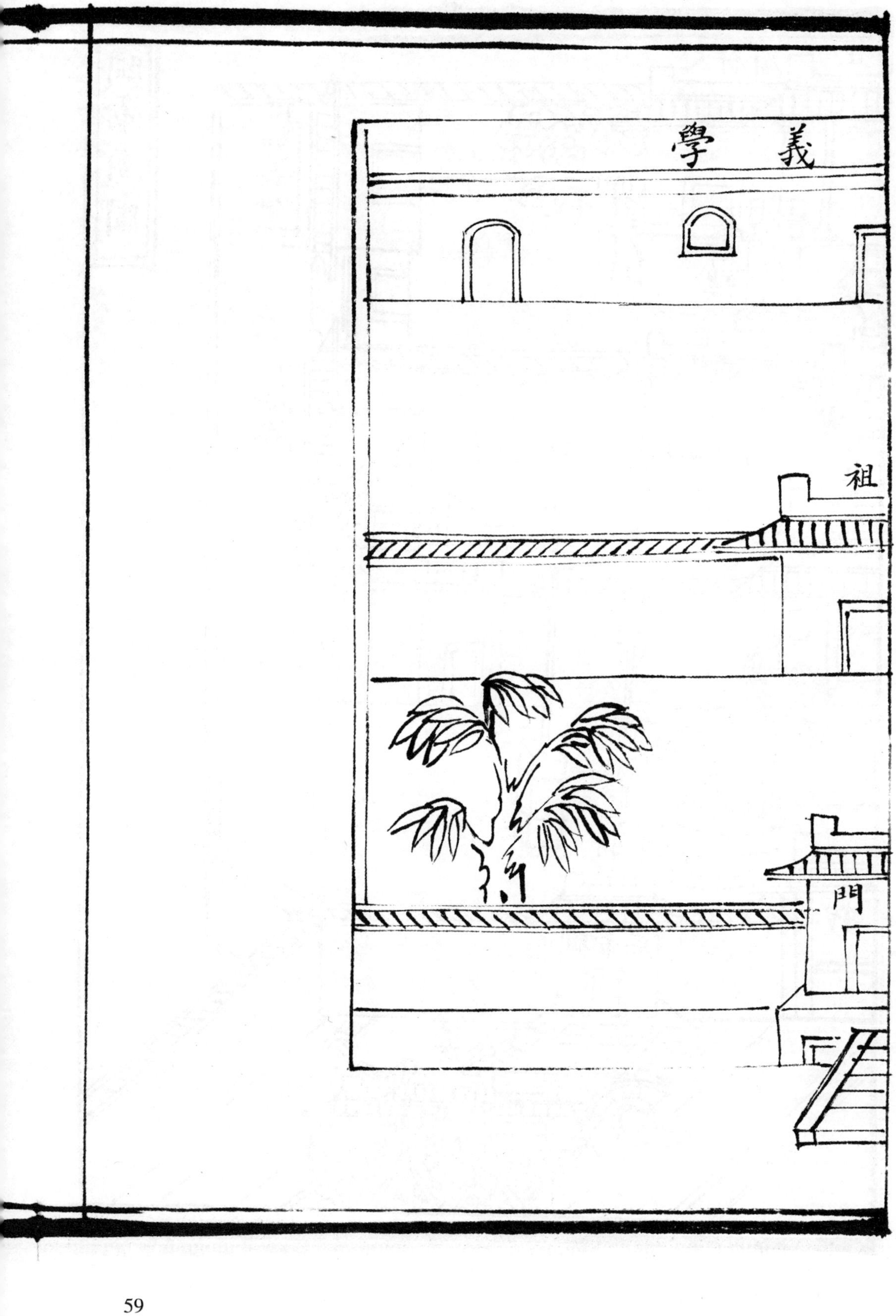
義學
祖
門

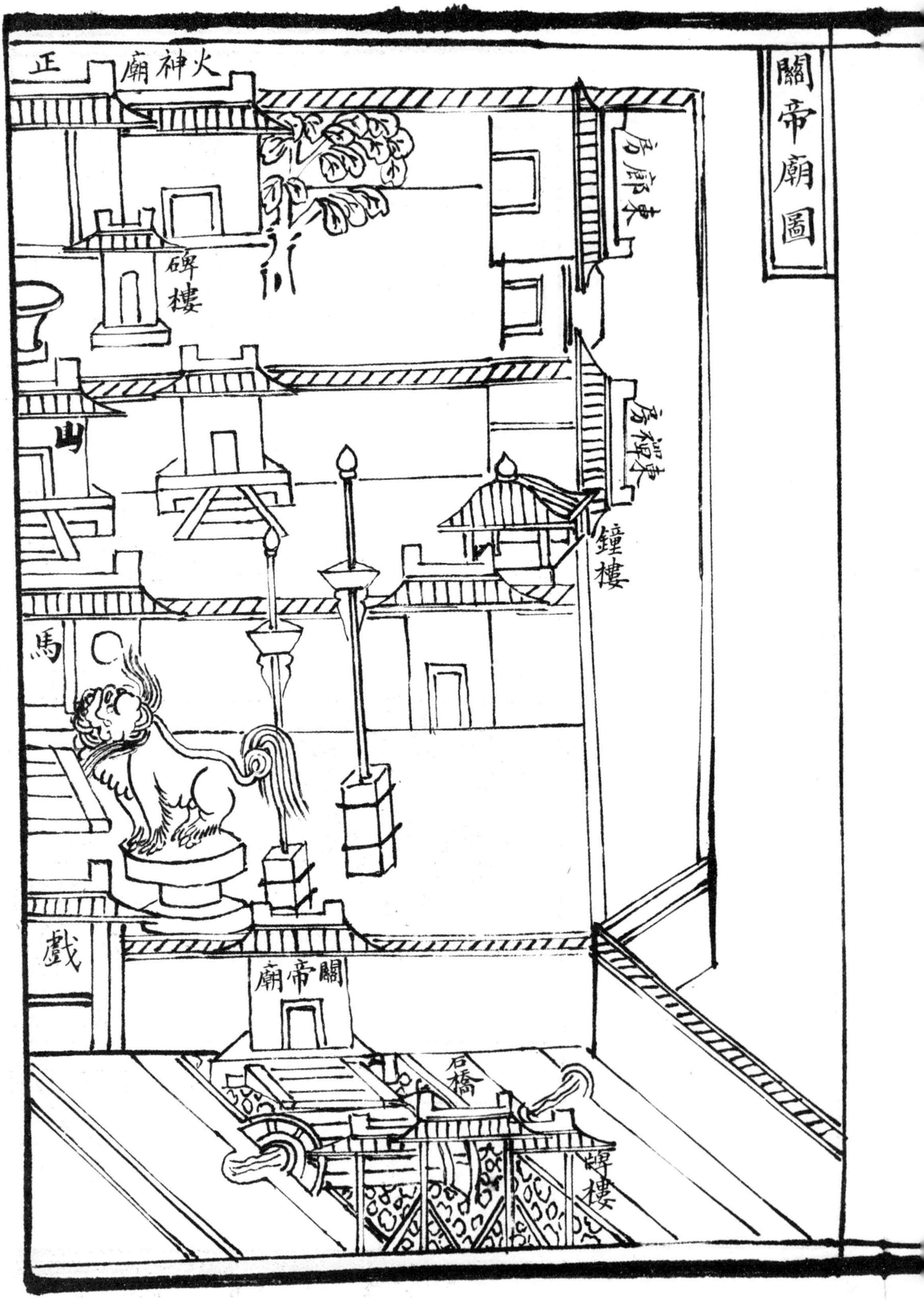
關帝廟圖
火神廟
正
碑樓
東廊房
東禪房
鐘樓
山
馬
戲
關帝廟
石橋
碑樓

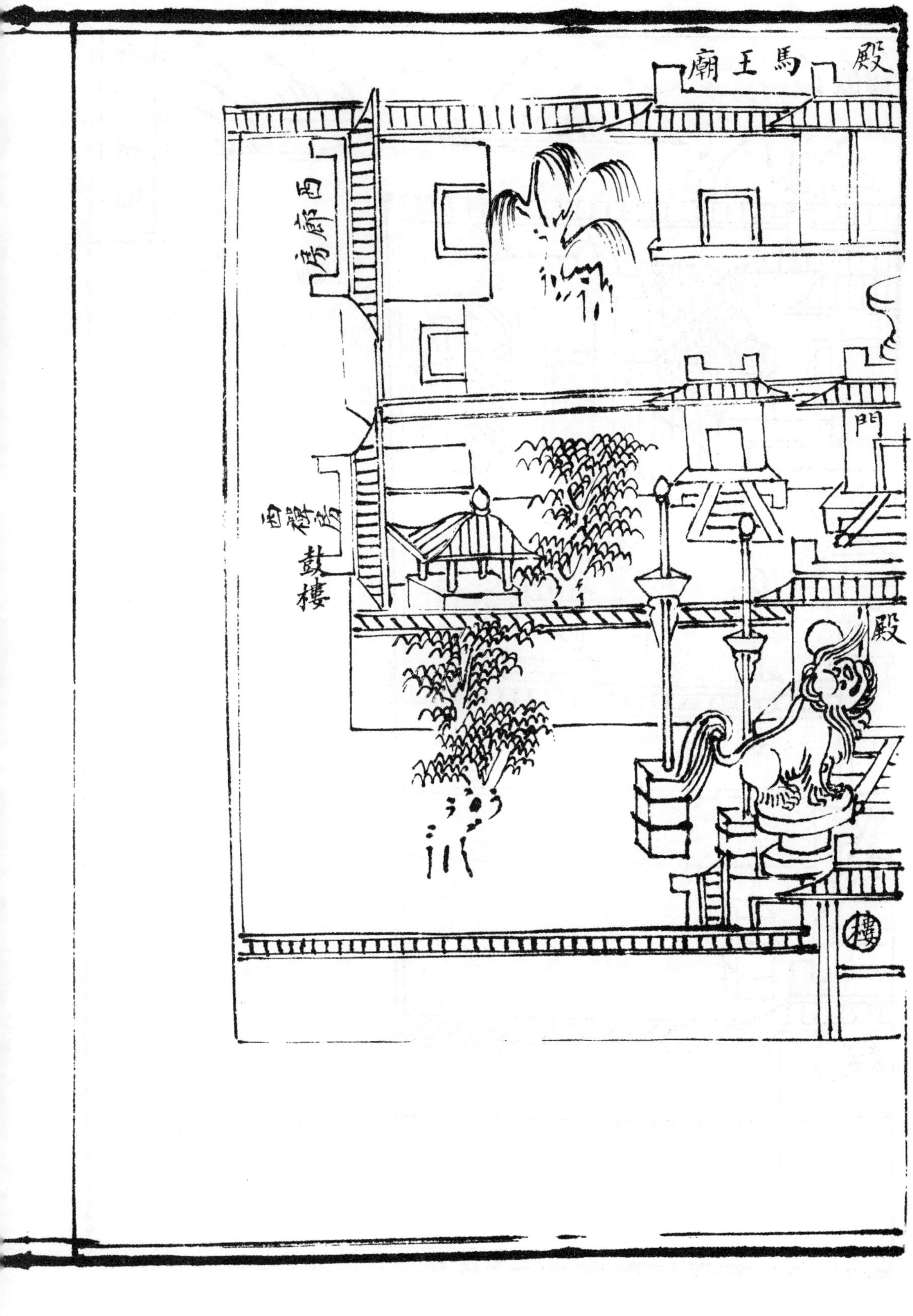

殿
馬王廟
西廂房
西朝房
鼓樓
門
殿
樓

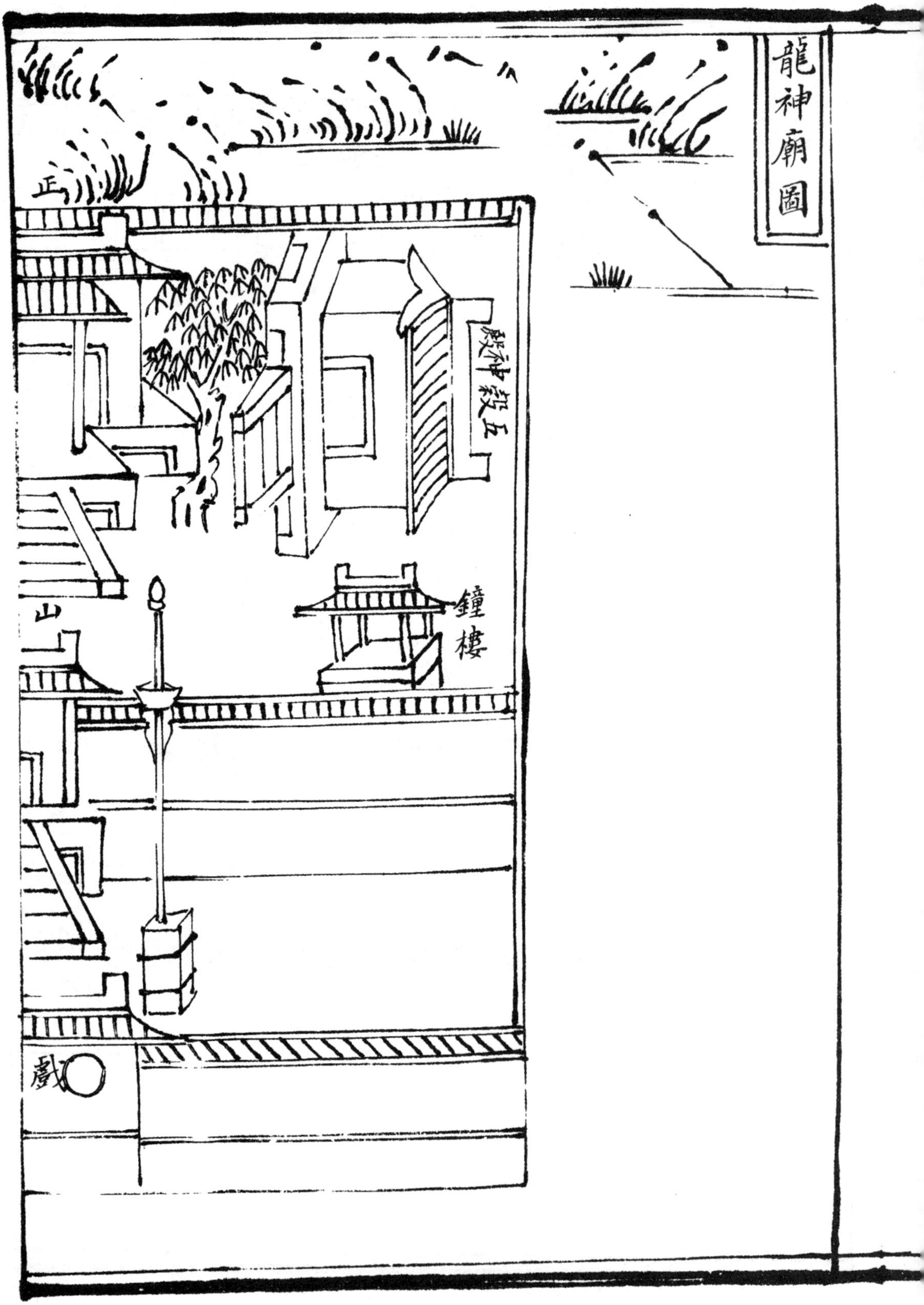

龍神廟圖

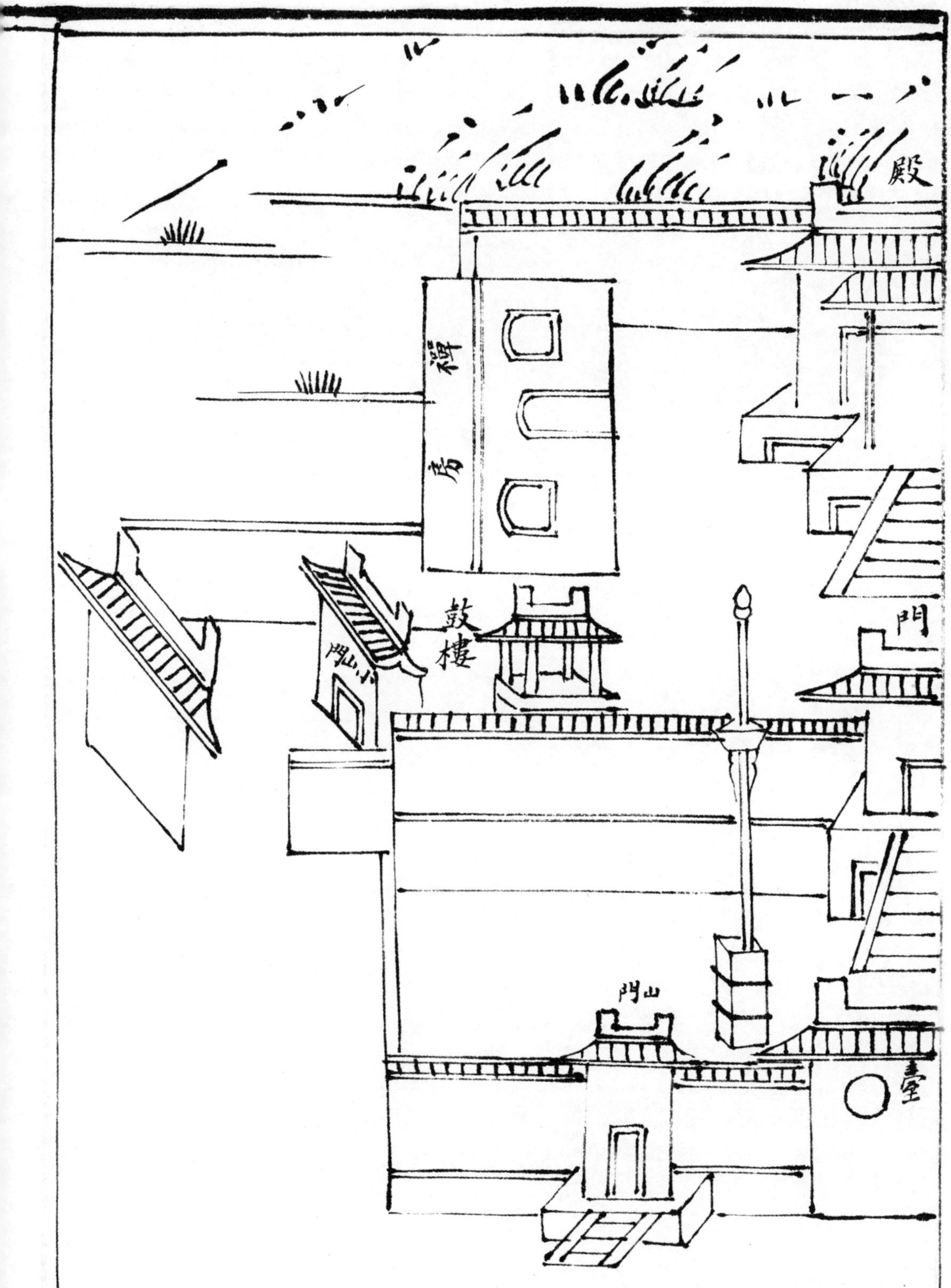
殿
禪房
鼓樓
小山門
門
山門
臺

西山八景

玉屏山
玉屏叠嶂
戲樓
河神廟
龍王廟

金蓋山
真武廟
金蓋
房

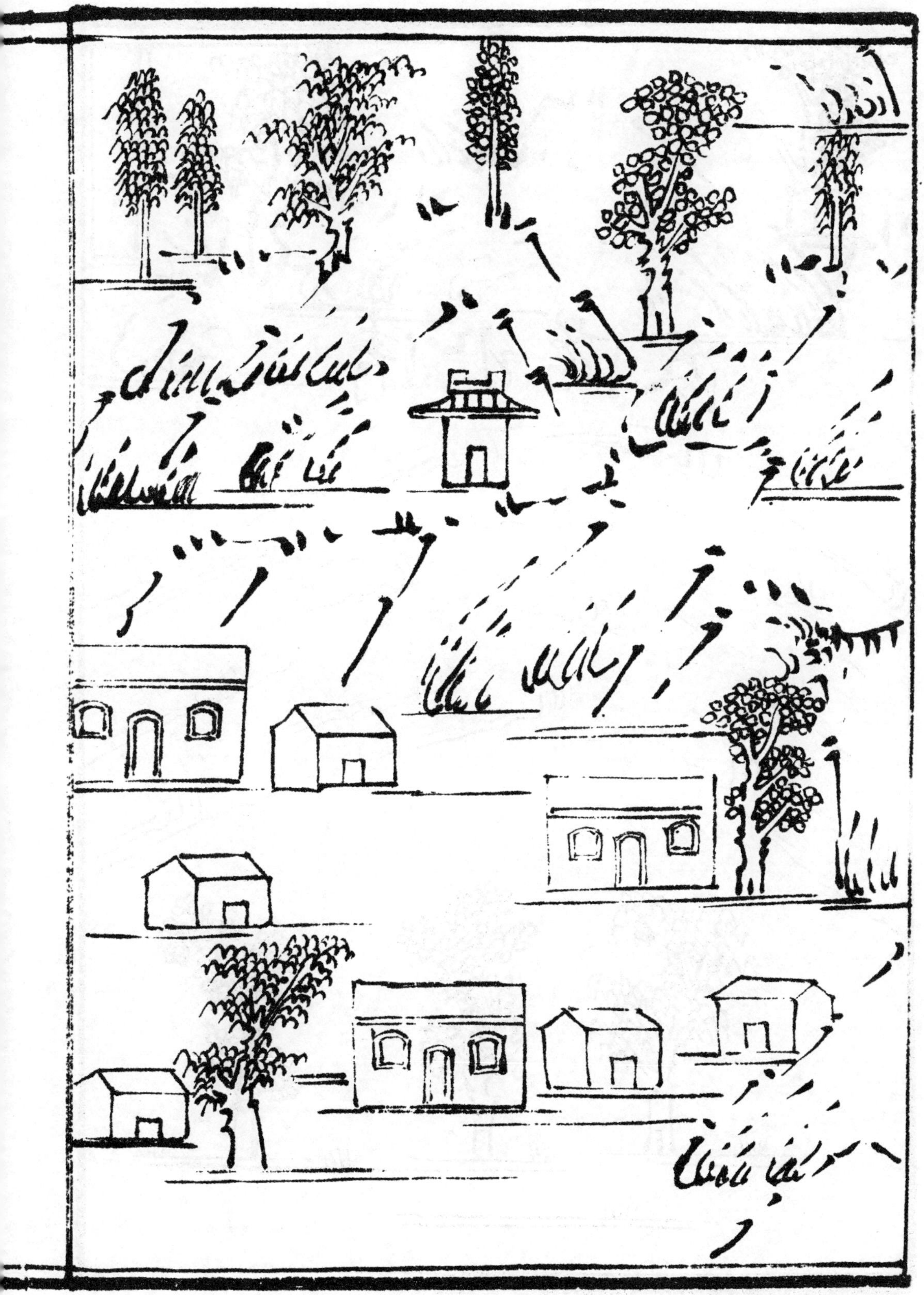

清水漈波

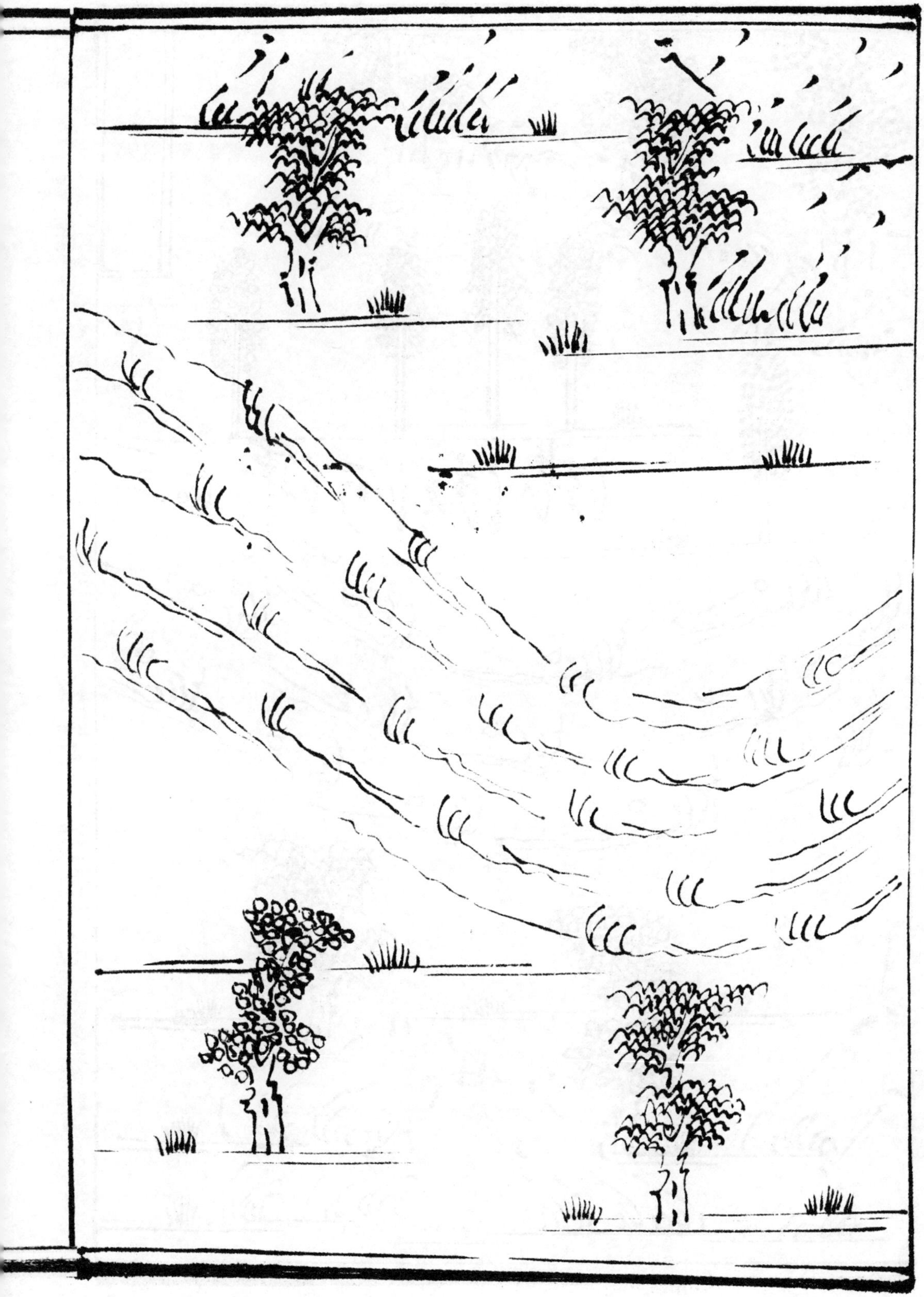

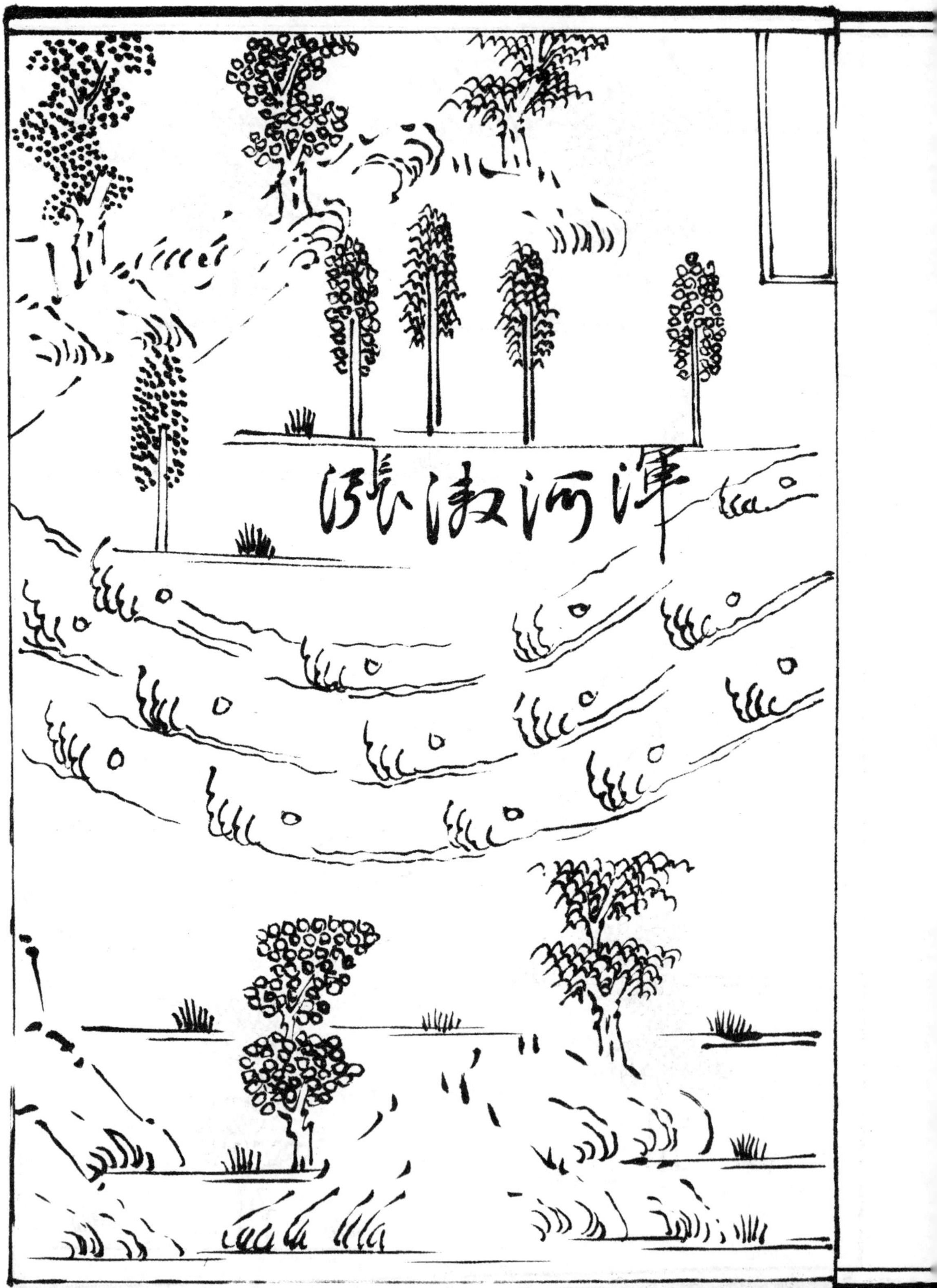
渾河淑張

石壁汛

榆湾渔唱

土城牆
雉堞雞鳴

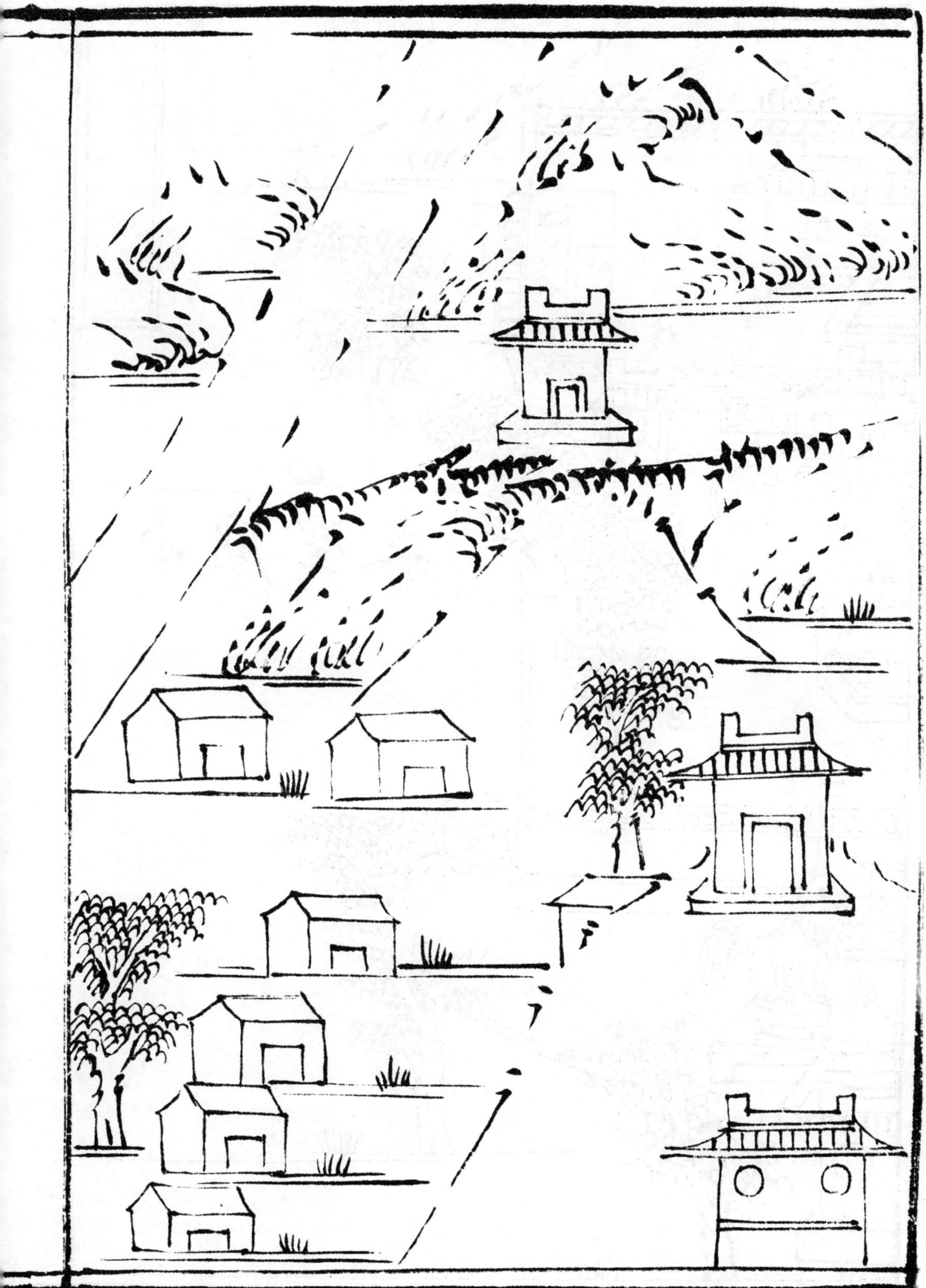

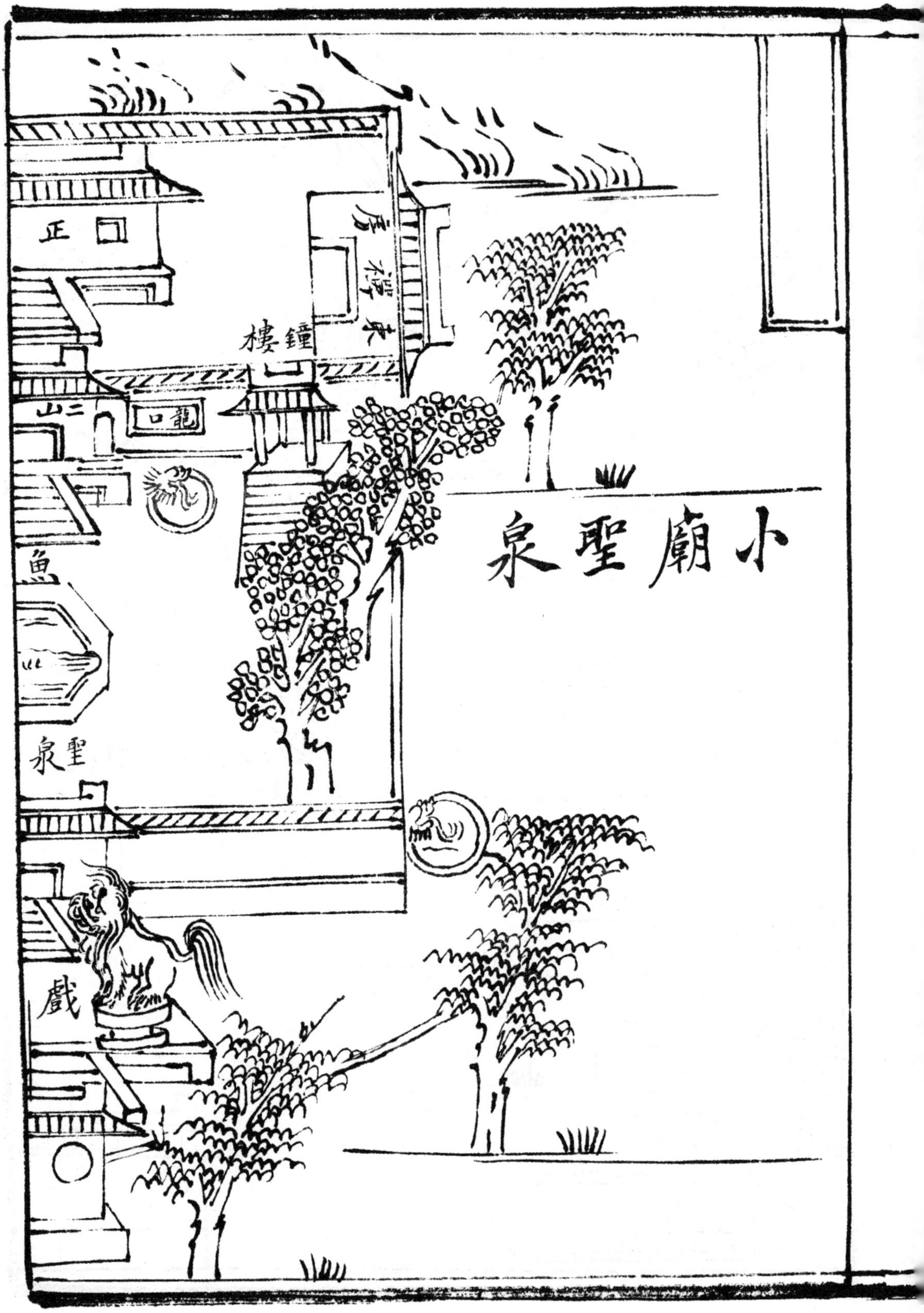
小廟聖泉
正门
鐘樓
東禪房
二山
龍口
魚
聖泉
戲

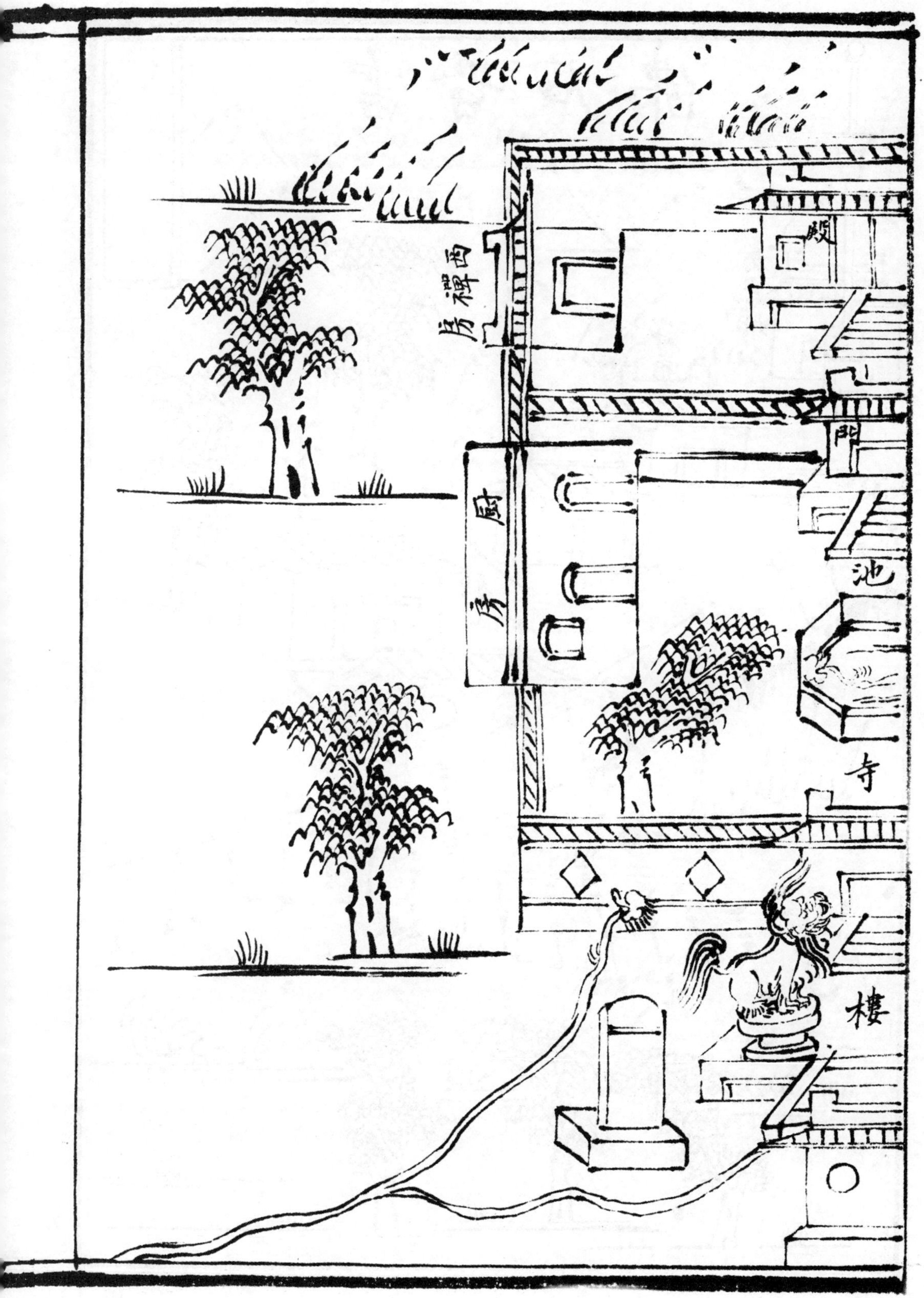
殿
門
池
寺
樓
西禪房
廚房

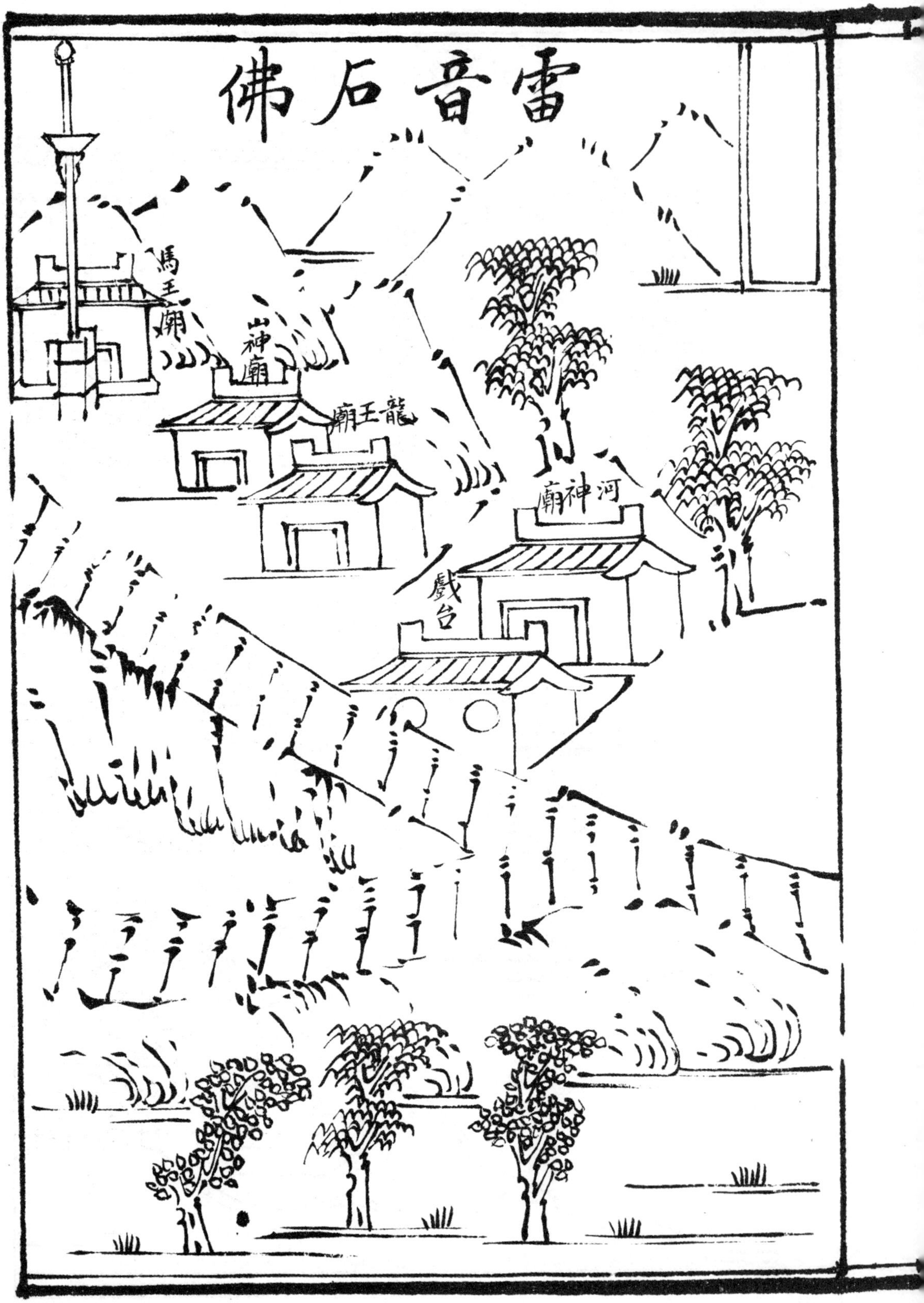
雷音石佛
馬王廟
山神廟
龍王廟
河神廟
戲台

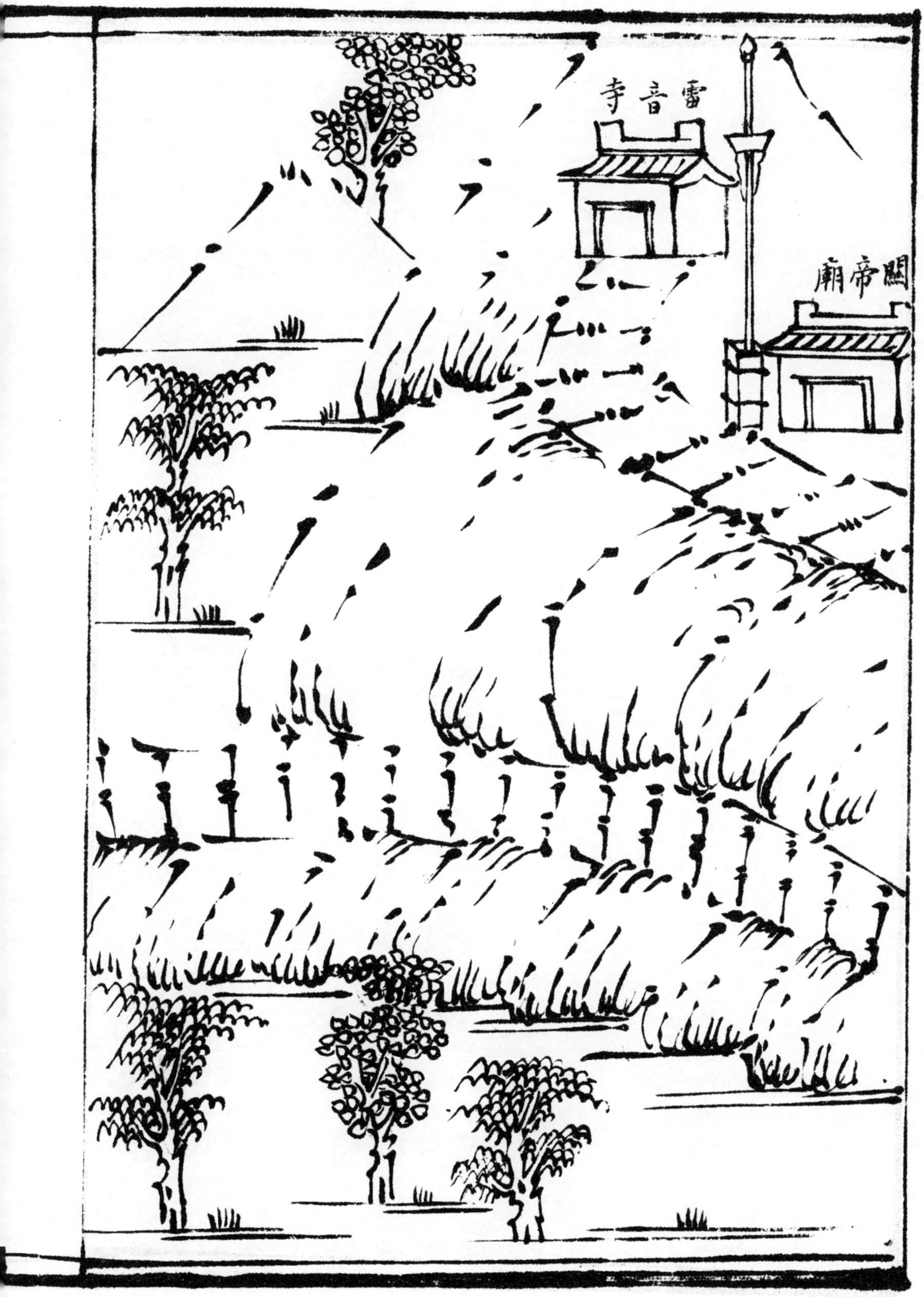
雷音寺
關帝廟

星野

黄帝畫井分疆以九野之星分主九州之地則分野之説由來尚矣然考天文志注云星躔一度可當地二千九百三十二里則清水一郡之在塞外僻處一隅其於星躔直太倉之一粟耳況余學識淺陋天文一門無從授受未嘗肄業及之莫由研究涉獵史貴闕文何敢臆斷强不知而以為知乎

往見陽曲新志因昔安陽武功兩志不列星野一門今特援以爲例姑闕其疑以俟博雅君子補其罅漏而匡所不逮焉幸甚

新修清水河廳志卷之二

疆域河西附

自昔畫野分州以後量地而置郡邑斯疆域分疆域分然後土地之廣狹人民之富庶政治之得失係焉清水一郡雖屬在荒陬幅員之遼闊至千有餘里其東南相接邊牆小口十有二處西則與鄂爾多斯草地毗連中涵黄河渡口十有四處固亦

儼然塞外一都會也蒙民雜處雍睦相安俗從簡質不事浮華耕多讀少土瘠民貧催科不易然人不好訟案牘無多惟山環水繞道路崎嶇車馬難行商賈罕足故百貨昂貴相率遂以儉約成風而政教易洽觀其四至八到暨其所達而綏民奠宇司民牧者實有專寄矣志疆域

清水河廳在歸化城西南二百六十里

東西廣一百四十里南北袤一百五十里週環六百三十里暨所屬分管準格爾旗地面周圍一千餘里

東南至山西太原府省城九百五十里

東南至京都一千二百里

四至

東至平魯邊牆界七十里
西至鄂爾多斯界八十里
南至偏關縣邊牆界九十里
北至和林格爾古力板計河界六十里

八到

東南到平魯縣迎恩堡界九十里
西南到偏關縣老牛灣界一百里

二

東北到和林格爾界八十里
西北到托克托城喇嘛灣北營子界九十里
至本屬道里
東北至歸化城二百六十里
東北至綏遠城二百六十五里
西北至托克托城一百四十里
正北至薩拉齊二百八十里

正北至和林格爾一百四十里

邊牆小口十二

七墩口　大水口　鎮川口　楊家大口

市懷口　新莊口　二十六口　五眼井口

紅門口　水門口　滑石口　水門洞口

黃河渡口十四

喇嘛灣南營子屬清廳北營子屬托城　石拐上

榆樹灣　二道塔

牛龍灣　上城灣

陽落灘　園子灣

沙灣　梆青

寬灘　下城灣

打魚窰　老牛灣

八里

時里六十二村（近本街）

和里五十四村（在正南）

年里三十八村（在正東）

豐里七十六村（在正東）

家里四十五村（在正南）

室里七十二村（在西南）

盈里三十六村（在西北正西）

寗里五村（在東北）

附河西

河西一帶係準噶爾遊牧草地清廳轄而不管其地自九枝榆樹小河以北為托城屬分轄界阯玻

璃溝小河以南爲偏關縣屬分轄界趾鐵盔腦包以西托城與偏關縣廻繞交界之區

五

五

新修清水河廳志卷之三

山川 水利 形勝 橋梁

昔大禹奠高山大川禹貢一書所載九州之山水綦詳厥後山經地志踵事而起是知山川足可為地方生色矣清郡僻在塞北雖無深山大澤毓秀鍾靈而巉巖環繞亦足稱雄又何可以弗紀哉志山川

玉屏山

在廳署正南八里以其頂平故俗又名平頂山周圍一里又以北向與廳署相對峙有如列屏幛焉實係清郡風脈主山故清郡又名屏山云

金蓋山

在廳署後層疊如華蓋故以爲名上祀真武故俗又名真武山周圍三里居民喜此山向陽依山而

居者實繁焉

銀礦山

在廳東三里許龍王廟後俗傳此山有銀礦洞咸豐六年通判蔭德納傕覓工匠開採未見其有尋見此洞而已徒費物力而事無益後之人其幸勿妄言開採也

清水河

在廳署正南由平魯縣屬之大嘴溝發源流入本境三岔河逶迤一百五十里至裕民莊入渾河滙歸黃河其河水本屬細流在境內東西環繞十有三道形若玉帶終年清流不斷不涸

渾河

在廳署東北三十里由平魯縣屬之連家窰墩臺底海眼發源流至殺虎口而達於和林格爾新店

子紅城村入本境屬石壁汛西流至岔河口歸入黄河

南海子

在廳署東一里形如釜底周圍百餘步内産鰍魚

黄河

在廳署正西五十里與鄂爾多斯交界上流由西北托克托城喇嘛灣斜入境内由西南下流至偏

三

關縣老牛灣出境迤長一百四十餘里水勢甚溜雖嚴冬亦不結冰其河東岸俱係巉巖並無支河

渠道

青龍渠

在廳署南由東大廟灣築隄壩引清河之水入渠內導由東閣流至永安街中廳署前石橋下伏流不見至西閣外其流復出分派左右足資灌溉蔬地

數十頃其水流至小瓦窰溝混入泉水内同歸清河光緒元年經前升任通判定福於沿渠堰邊栽種楊樹數百株後多未活惟廳署照墻後渠邊四十餘株今已長成蔚然暢茂焉

湯溪河

在平魯縣西北三十五里源出各山泉由大河堡水口流出口外經清廳境入於黄河

七墩河

在平魯縣六十里發源墩東由西北流出口外經

清廳境入於黃河

嚮水泉

在嚮水營泉水激石落潭有聲因名由大河堡後

流出口外經清廳境入於黃河

渡口

四

喇嘛灣南營子屬清廳北營子屬托城

在廳署西北九十里

石拐上

在廳署西北八十里

榆樹灣

在廳署西北七十里

二道塔

在廳署西北六十里

牛龍灣

在廳署正西五十里

上城灣

在廳署正西五十里

陽落灘

在廳署正西五十里

園子灣
在廳署西南六十里
沙灣
在廳署西南六十里
栁青
在廳署西南七十里
寬灘

在廳署西南七十里

下城灣

在廳署西南八十里

打魚窰

在廳署正南九十里

老牛灣

在廳署正南九十里

水利

青龍渠在街南足資灌溉蔬地數十頃

小廟村泉在街西五里許足資灌溉蔬地百餘頃

形勝

玉屏列其前金蓋擁於後叠嶂層巒巉巖險巇環繞皆山形如蕉葉而清水一河襟帶於其南山川阻深林木蓊欝

橋梁

永濟石橋

在西関外嘉慶十八年廳倅同慶創建

南溝木橋

在清河上每十月則構以渡行者夏月水發橋將漂毀則撤之

廣濟橋

七

在廳西十里王三窰村聖母廟住持募建
鞏西橋
在廳西南三里祁家溝村劉嶸首倡捐資創建
官莊橋
在廳東關外

新修清水河廳志卷之四

市鎮村莊　義塚附

疆域既分山川奠定而後參伍錯綜於其間者市鎮村莊是也況清郡既無城池尤當以街市為要領故宜以次紀之志市鎮村莊

永安街

清水河廳無城池惟東西大街一道名曰永安約

長二里許其形如箕建有東西二閣闤闠貿易咸聚於此居民則皆依傍山崖而居多穴處者焉平山列前金蓋擁後清河一水環繞於南導入青龍渠頗資灌溉蔬地然每當夏日盛漲南面一帶鋪戶民居房屋多被河流衝塌無存欲思久安無患之策非於迤南一帶沿河高築石壩以捍衛之不可也有民社之責者其加之意乎

韭菜莊鎮

在廳東南五十里

八里村莊六村　共計三百八十八村現存三百七十

時里　本街管六十二村現存五十九村

太平莊　應徵銀六十一兩六錢九分五釐

距署二里

祁家溝　應徵銀八十四兩七錢二分

距署三里

南溝村　應徵銀八十四兩八錢二分

距署一里

劉鬍梁村應徵銀三兩八錢五分
距署五里

神池窯應徵銀一百二十五兩九錢四分
距署三里

二樓墕應徵銀二十八兩四錢三分
距署八里

保全莊應徵銀十三兩七錢六分
距署十里

陽面村應徵銀三十四兩二錢
距署五里

木匠窯應徵銀三十兩三錢四分
距署五里

偏關窯應徵銀二十兩二錢
距署八里

潘三窰 應徵銀三十二兩四錢九分 距署十二里

靜樂窰 應徵銀三十五兩零六分 距署十二里

老朱窰 應徵銀四十二兩八錢一分 距署十三里

大灣村 應徵銀二十一兩一錢三分 距署十五里

麻灣村 應徵銀三十四兩五錢 距署二十里

朔州窰 應徵銀二十四兩五錢五分 距署二十里

楊家窰 應徵銀五十七兩三錢二分 距署三十里

七墩窰應徵銀三十八两八錢六分
距署三十里

旣富莊應徵銀十二兩三錢
距署二十里

林慶窰應徵銀二十二兩二錢六分
距署三十里

威遠窰應徵銀二十九两零一分
距署二十里

青楊林應徵銀二十五兩八錢二分
距署二十里

圪針林應徵銀三十二兩一錢八分
距署二十里

兎兒窩應徵銀三十四兩九錢八分
距署二十里

海子上應徵銀十九两一錢
距署二十五里

朱家山應徵銀三十四兩一錢一分
距署八里

昌盛莊應徵銀二兩二錢四分
距署八里

樺樹溝應徵銀五十兩九錢五分
距署十五里

連眼井應徵銀二十兩九錢五分
距署二十里

東高家山應徵銀三十四两三錢二分
距署十五里

毛林子應徵銀三十两一錢一分
距署二十里

四

他兒半應徵銀四十九兩二錢六分
距署二十里

白草莊應徵銀十二兩一錢一分
距署二十里

八岔溝應徵銀二十六兩八錢八分
距署二十五里

藺家溝應徵銀九兩九錢九分
距署二十里

前松樹梁應徵銀十八兩二錢
距署十五里

後松樹梁應徵銀三十二兩二錢八分
距署二十里

永茂莊應徵銀十三兩零九分
距署十五里

祥瑞莊應徵銀二兩五錢
距署十五里

四眼堡應徵銀七兩四錢八分
距署十五里

八稜灣應徵銀一十兩九錢九分
距署八里

台子梁應徵銀三十八兩七錢九分
距署二十里

原梁莊應徵銀三兩一錢九分
距署十里

興旺莊應徵銀三十三兩八錢一分
距署五里

發旺莊應徵銀三十二兩七錢五分

柏林峁應徵銀九兩九錢

人和莊應徵銀一十六兩四分

裕民莊應徵銀一十二兩一錢九分

踴躍莊應徵銀九兩二錢九分

廟兒梁應徵銀一十三兩八錢九分

大同峁應徵銀一十九兩七錢六分

車廠應徵銀四兩

上陽塔應徵銀一十七兩五錢三分
興盛莊應徵銀六兩二錢五分
半溝村應徵銀二十一兩二錢七分
西溝子應徵銀二兩三錢八分
打兒架應徵銀二十五兩四錢九分
十八盤應徵銀七兩二錢四分
泉子溝應徵銀一十七兩一錢一分

和里在正南管五十四村現存五十三村

寺兒村應徵銀二十四兩二錢距署五十里

磨扇嘴應徵銀三十二兩九錢距署五十里

小斗溝應徵銀二十兩二錢八分距署十五里

前北溝應徵銀七兩四錢六分距署六十里

後大井應徵銀二十四兩一錢五分距署四十里

杏葉村應徵銀一十二兩一錢九分距署四十里

三眼井應徵銀一十八兩六分
距署三十里

前北石券應徵銀一十三兩一分
距署四十里

陽家川應徵銀四十七兩四分
距署四十里

大陽平應徵銀三十二兩四錢三分
距署四十里

火石山應徵銀四十三兩七錢二分
距署三十里

長溝門應徵銀一十七兩七錢九分
距署四十里

小陽平應徵銀一十三兩五錢六分
距署四十里

仇家山距應署五十里徵銀八兩七錢六分
洞兒溝距應署四十里徵銀二十三兩七錢八分
八柳樹距應署四十里徵銀五兩五錢三分
打兒架距應署四十里徵銀一十八兩一錢六分
黄家營距應署四十里徵銀一十兩八錢
後北石券距應署四十里徵銀一十八兩二錢七分
中北石卷距應署三十里徵銀七兩三錢三分

二王墓應徵銀四兩三錢六分
距署三十里

大王墓應徵銀一十兩五錢一分
距署三十里

大東溝應徵銀三十七兩七錢八分
距署四十里

曹家溝應徵銀一十一兩六錢四分
距署三十里

暖泉上應徵銀三十六兩五錢八分
距署五十里

下大路應徵銀一十一兩六錢一分
距署六十里

化樹溝應徵銀二十三兩七錢八分
距署六十里

毛台子距應徵署銀六一十十里八兩三錢五分

後西水溝距應徵署銀六一十十里五兩八錢

曉高山距應徵署銀七一十兩里五錢

破虎溝距應徵署銀八七十十里三兩八錢五分

雙窰子距應徵署銀六六十兩里八錢

前西水溝距應徵署銀七一十十里六兩四錢四分

蘆草溝距應徵署銀六三十十里九兩九錢三分

八

老榆樹莊應徵銀二十七兩七錢六分
距署六十里

盤路峁應徵銀一十一兩五錢七分
距署七十里

滴馬水應徵銀四兩四錢二分
距署六十里

海子溝應徵銀一十二兩二錢八分
距署六十里

對九峁應徵銀三十一兩七錢六分
距署六十里

對九平應徵銀二十六兩五錢八分
距署九十里

德和莊應徵銀一十五兩五錢一分
距署七十里

南海子應徵銀三十九兩七錢九分距署九十里

營盤梁應徵銀四十九兩八錢八分距署六十里

五道平應徵銀九兩一錢九分距署五十里

平梁泉應徵銀一十九兩三錢距署六十里

楝木塔應徵銀一十七兩七錢三分距署七十里

饅頭山應徵銀一十九兩二錢八分距署六十

西邊底應徵銀一百一十兩六錢七分距署九十里

膠泥溝應徵銀七兩四錢八分距署七十里

泉子溝應徵銀一兩五錢距署八十里

小井子應徵銀四十兩三錢七分距署九十里

南關廂應徵銀一百四兩二錢五分距署一百里

康威莊應徵銀九兩七錢五分距署九十里

年里前五甲在正東管三十八村前甲現存二十二村

汾州窰應徵銀一十一兩四錢三分距署六十五里

十

元嶺子　應徵銀三十五兩六分　距署五十八里

石㑥子　應徵銀一十八兩五錢一分　距署四十里

三岔河　應徵銀五十九兩四錢二分　距署五十里

菜樹林　應徵銀七兩六錢五分　距署六十里

石灣子　應徵銀一百七兩九錢八分　距署五十里

海子堘　應徵銀二十一兩五分　距署五十里

太平窯　應徵銀三十七兩九錢九分　距署五十里

十

永安窰距應署六十里徵銀三十五兩五錢四分

新堡子距應署七十里徵銀一十五兩一錢

坐噴兒距應署七十二里徵銀二十兩一錢三分

灰泉子距應署八十里徵銀一十六兩三錢六分

黄于樹距應署四十里徵銀三兩七錢五分

富家莊距應署九十里徵銀七十兩六錢五分

青龍灣距應署七十里徵銀一十五兩二錢

上三道溝應徵銀三十兩七錢八分距署七十里

五里坡應徵銀四十七兩八錢三分距署八十里

復興溝應徵銀一十四兩二錢四分距署九十里

七墩溝應徵銀四十五兩五錢距署八十里

頭道溝應徵銀一十三兩八錢五分距署八十里

豐盛溝應徵銀一十四兩六錢三分距署八十里

興旺村應徵銀二十九兩八分六釐距署九十里

在正東管三十八村後甲現存十六年里後五甲村

昌盛莊應徵銀二十二兩六錢
距署八十二里

大興莊應徵銀一十兩
距署八十二里

豐盛莊應徵銀一十六兩四錢六分
距署八十里

碓白溝門應徵銀五十七兩三錢七分
距署七十八里

北盛莊應徵銀二十六兩五錢二分
距署七十八里

永豐村應徵銀三十八兩四錢
距署七十五里

夾于樹溝屯應徵銀四十六兩五分距署七十里

長梁溝應徵銀一十七兩距署八十里

盆底青屯應徵銀七兩二錢六分距署七十五里

盆底青門應徵銀四十六兩四分距署七十五里

碓臼溝屯應徵銀一十七兩六錢九分距署七十五里

永盛莊應徵銀一十二兩七錢二分距署八十里

夾于樹溝應徵銀五十六兩六錢四分距署七十二里

候林村應徵銀三十六兩四錢六分
距署五十五里
西山溝門應徵銀六兩六錢二分
距署六十里
韓慶墳應徵銀七十五兩一錢六分
距署四十里
豐里在正東管七十六村現存七十五村
雙臺子應徵銀四十八兩一錢九分
距署三十里
二道梁應徵銀二十九兩八錢
距署七十里
黃花峁應徵銀二十三兩四錢六分
距署六十里

十三

十七溝 應徵銀五十八兩五錢四分
距署六十里

北小樺樹溝 應徵銀一十五兩二錢八分
距署六十里

南小樺樹溝 應徵銀三十五兩一錢五分七厘
距署六十里

獅子塔 應徵銀三十三兩七錢二分四厘
距署六十里

迎恩八墩 應徵銀四兩
距署七十里

盆底青 應徵銀二十一兩四錢四分六厘
距署七十里

五里坡 應徵銀一十八兩九錢七分
距署六十五里

萬和莊應徵銀五兩
距署七十里
豐盛莊應徵銀三十兩六錢三分
距署八十里
太來莊應徵銀三十一兩二錢
距署六十五里
興泉子應徵銀二十三兩七錢三分
距署六十五里
太平溝應徵銀一十一兩二錢二分
距署七十里
板申村應徵銀五十一兩四錢九分
距署七十里
北王家莊窩應徵銀二十兩四錢分
距署七十里

前膠泥灣應徵銀七十二兩一錢七分
距署六十里
丈房灣應徵銀二十兩四錢九分
距署六十五里
後膠泥灣應徵銀一十六兩一錢一分
距署七十里
榆樹莊窩應徵銀三十四兩一錢四分
距署七十里
市懷裡應徵銀六十四兩三分
距署七十里
興莊子應徵銀六兩五錢
距署七十里
大興莊應徵銀八兩
距署八十里

喜花峁 應徵銀四十一兩三錢七分 距署九十里

棘針溝 應徵銀三十兩八錢六分 距署七十里

南王家莊窩 應徵銀二十七兩三錢五分 距署七十里

黃榆溝 應徵銀一十五兩一錢 距署八十里

炭窯溝 應徵銀一十兩五錢一分 距署八七里

新灣子 應徵銀一十八兩九錢七分 距署七十里

太來村 應徵銀六兩 距署五十里

石梯子應徵銀三十七兩三分距署四十五里

五道梁應徵銀三十五兩二錢四分距署五十里

長渠村應徵銀二十一兩五錢七分距署五十里

雅兒崖應徵銀三十五兩七錢二分距署四十五里

東山上應徵銀一十三兩四錢四分距署五十里

新村應徵銀二十一兩九錢七分距署四十里

南曹砧應徵銀七十四兩七錢九分距署五十里

前蒿艾梁應徵銀一十九兩六錢五分
距署四十里
後蒿艾梁應徵銀二十兩六分六厘
南元嶺應徵銀二十兩二錢八分
距署三十五里
北圪洞應徵銀四十八兩二錢九分
距署三十五里
黄土峁應徵銀一十一兩一錢
距署三十里
富民莊應徵銀四十四兩九錢四分
距署三十里
新莊窩應徵銀五十八兩
距署二十里

十六

前營盤應徵銀四十八兩三錢一分
距署三十里

後營盤應徵銀七十一兩二錢
距署二十里

太平莊應徵銀二十四兩七錢三分
距署二十五里

大井莊應徵銀八兩三錢八分
距署二十五里

古窨村應徵銀四十四兩四錢四分
距署四十里

大膠泥溝應徵銀二十七兩一錢八分
距署四十里

小膠泥溝應徵銀二十六兩七錢一分
距署四十里

雙墩子　應徵銀一百二十二兩四錢八分
距署四十五里
老窰子　應徵銀四十四兩九錢
距署四十里
復興莊　應徵銀二十八兩四錢二分
距署四十里
西曹砧　應徵銀三十四兩三錢六分
距署五十里
大樺樹溝　應徵銀五十六兩五錢三分
距署五十里
雙井子　應徵銀八十一兩三錢
距署六十里
圈馬溝　應徵銀二十五兩三錢
距署六十里

韮菜莊窩應徵銀一百一十五兩一錢六分五距署五十里
北曹砧應徵銀五十兩七錢三分距署五十里
蘆草圪洞應徵銀八十七兩八錢八分距署五十里
石人背應徵銀五十七兩二錢距署五十五里
揺鈴溝應徵二十兩五錢一分距署六十里
雙樹子應徵銀八兩距署六十里
樺樹梁應徵銀五十七兩八錢距署六十

萬盛莊應徵銀一十四兩五錢三分
距署六十里
前杈杁溝應徵銀五十兩一錢四分
距署六十里
後杈杁溝應徵銀二十五兩三錢九分
距署六十里
黄榆樹溝應徵銀一兩七錢四分
距署六十里
蓽蔴溝應徵銀三十兩四錢二分
距署五十五里
石匣口應徵銀二十一兩二錢四分
距署五十五里
大榆樹灣應徵銀一十兩六錢九分
距署五十五里

打車溝應徵銀五兩五錢二分
距署五十里

海子上應徵銀一十二兩二錢六分
距署三十里

家里在正南管四十五村現存四十四村

三眼井應徵銀五十四兩七錢五分
距署三十里

新莊窩應徵銀一十一兩八錢一分
距署七十里

厰菜窊應徵銀二十七兩八錢
距署六十里

西井子應徵銀九兩三錢八分
距署六十里

大成莊　應徵銀二十一兩一錢四分　距署六十里

坑針灣　應徵銀三十二兩八錢三分　距署六十里

滴馬水　應徵銀一十六兩八錢　距署六十里

雙窰子　應徵銀二十四兩七錢二分　距署六十里

石匣子　應徵銀一十四兩　距署六十里

三黄水　應徵銀五十九兩三錢八分　距署五十里

二道窊　應徵銀九兩七錢七分　距署五十里

十九

十九

後三黃水　應徵銀三十七兩二錢六分
　　　　　距署六十里
李家莊　應徵銀五兩五錢
　　　　距署六十里
化樹溝　應徵銀四十六兩五錢五分
　　　　距署六十里
南長渠　應徵銀八兩
　　　　距署六十里
後長渠　應徵銀六兩六錢
　　　　距署五十里
扁樹溝　應徵銀八兩二錢七分
　　　　距署六十里
石灣子　應徵銀二十六兩六錢
　　　　距署四十里

圪針溝應徵銀六兩六錢三分
距署五十里

犬房灣應徵銀四十八兩一錢二分
距署七十里

對九窊應徵銀二十四兩八分
距署六十里

尖山子應徵銀五十兩七錢
距署八十里

棋杆峁應徵銀三十一兩三錢二分
距署六十里

小井子應徵銀三十四兩七錢七分
距署七十里

五里坡應徵銀五兩八錢五分
距署七十里

老熊溝應徵銀三十五兩五分
距署七十里

五眼井應徵銀一百三兩二錢
距署九十里

北堡應徵銀四十三兩四錢九分
距署七十里

蓮花半應徵銀二十二兩九錢八分
距署六十里

石梯子應徵銀一十九兩九錢二分
距署五十里

水草溝應徵銀四十兩五錢八分
距署七十里

大莊窩應徵銀一十七兩四錢九分
距署七十里

楊井上應徵銀二十五兩九錢五分
距署七十里

三台子應徵銀一十二兩八錢七分
距署八十里

小莊窩應徵銀三十六兩四錢六分
距署六十里

安樂村應徵銀一十四兩六錢二分
距署七十里

尖次崖應徵銀四十兩八錢三分
距署五十里

北溝應徵銀二十兩五銀六分
距署六十里

塔兒會應徵銀二十四兩七錢四分
距署六十里

劉家窰 應徵銀四十三兩七錢一分
距署四十里

雙石槽 應徵銀四十三兩一錢八分
距署五十里

土溝子 應徵銀一十一兩九錢七分
距署四十里

蒿艾梁 應徵銀三十六兩一錢九分
距署四十里

室里 在西南管七十二村現存六十八村

正前大井 應徵銀三十八兩三錢五分

陽莊大井 應徵銀二十二兩九錢四分

陽崖大井應徵銀二十五兩八錢二分
川溝大井應徵銀一十九兩三錢七分
川峁上應徵銀五兩六分
元子灣應徵銀一十一兩九錢六分
賈家村應徵銀三十七兩三分
大甲石應徵銀四十兩六錢四分
連道梁應徵銀六兩九錢

二十二

侯家塔 應徵銀八十三兩七錢四分

興盛莊 應徵銀二兩一錢三分

正峁陽坡 應徵銀三兩

暖泉梁 應徵銀二十五兩六錢五分

松樹梁 應徵銀九兩三錢二分

韓家梁 應徵銀七十三兩七錢三分

長嘴梁 應徵銀三十四兩七錢八分

陽窩鋪應徵銀一十七兩八錢二分

樓子溝應徵銀二十五兩二錢五分

寬灘村應徵銀六十八兩五錢三分

樺樹塢應徵銀九兩三分

白馬路應徵銀一百三十七兩二錢八分

單臺子應徵銀一百零九兩八錢七分

李家莊應徵銀一十一兩三錢九分

興盛村應徵銀一十兩四錢一分
喬家梁應徵銀四兩六錢八分
中梁子應徵銀四兩二分
西溝子應徵銀二十四兩三錢
樺樹溝應徵銀二十八兩二錢八分
正峁底應徵銀一十三兩八錢
西岔溝應徵銀一十一兩六錢五分

伏龍莊應徵銀五兩六錢

小石岩應徵銀二十三兩一分

伏興莊應徵銀八兩二錢五分

大王墓應徵銀一十四兩一錢五分

五道峁應徵銀一十七兩四錢

大岔梁應徵銀七兩四錢一分

香杏莊應徵銀七兩三分

黄樹塞 應徵銀一十二兩五錢

杏樹貝 應徵銀八兩

西嘴子 應徵銀一十一兩七錢八分

豐盛莊 應徵銀一十九兩七錢四分

富民莊 應徵銀六兩

後單臺 應徵銀六兩二錢

賈大路 應徵銀四十六兩四錢五分

獅子莊應徵銀一十三兩三錢

大莊窰應徵銀三十六兩七錢二分

正寗一應徵銀一十五兩五錢二分

俞皮窰應徵銀二十九兩三錢三分

破堡子應徵銀五兩六錢九分

滑石二應徵銀四十四兩六錢八分

東土城應徵銀二十兩零零九分

西土城應徵銀一十六兩四錢九分
土城圪洞應徵銀一十四兩七錢
紫金山應徵銀一十二兩六分
後東岔應徵銀一十七兩七錢五分
興莊窩應徵銀六兩六錢
前東岔應徵銀一十六兩三錢五分
西馬廠應徵銀九兩

趙冐梁應徵銀一十七兩七分

鹿頭碑應徵銀三十六兩二分

柳青村應徵銀九十七兩九錢九分

大沙灣應徵銀一百三十六兩三錢三分

沙灣村應徵銀四十兩七錢一分

城灣村應徵銀八十九兩四錢

楊峁上應徵銀一十一兩二錢五分

雙廟子應徵銀二十二兩四錢一分

三王墓應徵銀二十七兩八錢四分

缸房平應徵銀三十九兩一錢八分

樺樹溝應徵銀二十八兩二錢八分

盈里在西北正西管三十六村現存三十四村

朝天毫應徵二十三兩七錢三分

不扔窊應徵銀六十二兩七錢五分

黑草咀應徵銀一十五兩四錢
大黑樹梁應徵銀三十一兩七錢二分
小黑樹梁應徵銀四兩四錢六分
獅子墕應徵銀一十一兩九錢一分
豐禾村應徵銀一十兩四錢八分
英咀溝應徵銀五兩二錢四分
沙墕村應徵銀三十一兩三錢五分

二十七

唐子峁 應徵銀二十九兩一錢二分
武家梁 應徵銀一十三兩七錢八分
黑豆墕 應徵銀二十兩二錢
廟溝村 應徵銀一十一兩五錢
杏花咀 應徵銀六十二兩四錢七分
碓臼墕 應徵銀三十七兩五錢六分
常太莊 應徵銀二兩八錢五分

腦包梁應徵銀五十八兩九錢
岔河口應徵銀五十四兩七錢九分
焦胡圪洞應徵銀三十九兩二錢六分
大榆樹灣應徵銀二十七兩八錢
井子塢應徵銀九兩
五藍井應徵銀八兩八錢七分
常家河應徵銀一十六兩六錢九分

上栅稍堝應徵銀一十四兩八錢七分

後城咀應徵銀二十七兩三錢二分

王家平應徵銀五兩五錢五分

上陽塔應徵銀七兩二錢三分

喇嘛灣應徵銀九十七兩九分

小榆樹灣應徵銀一十八兩一錢八分

下栅稍堝應徵銀一十九兩七錢一分

付家村應徵銀一十一兩一錢三分
炭窯貟應徵銀一十五兩七錢五分
樓溝村應徵銀一十兩四錢八分
火燒塲應徵銀三十五兩二錢二分
寗里在東北管五村
孔讀林應徵銀六十兩二分
車鋪應徵銀三十兩五錢二分

蘆草溝應徵銀二十兩二錢三分

復興莊應徵銀一十五兩九錢五分

黃土圪洞應徵銀三十七兩六錢八分

鑲藍里三村

富民莊應徵銀四十二兩六錢五分

康盛莊應徵銀三十八兩一錢七分

廣濟莊應徵銀六十二兩七錢三分

新併馬厰四十一村

黑蛇溝　達賴哈達

荒地梁　納令溝

薛家梁　石莊子

前咬刀爾兔　後咬刀爾兔

青豆溝　波波代

菠菜營　王桂枝窰

前圐圙兎　後圐圙兎
查汗溝　把兎溝
神崖村　石壁上
小廟子　藺家溝
燈籠速太　五梁速太
兩犋牛窰　劉老婆窰
胡德光窰　史藍太溝

榆皮窑　生地灣
張扬窑　土溝子
魏四窑　水泉子
樓溝窑　皮家溝
善單窑　喇嘛廟
黑聾子梁　紅木植溝
四犋牛窑　五速太溝

粒康窰

附義塚

義塚地一區約七十餘畝俗謂之一十八垧在廳署南平頂山底南溝村梁上距署五里而遥若由小路大約不過三里計查此地原係時里祁家溝甲逃户牛通名下荒地應徵銀一兩一錢九分經前任通判定福將此地施作義塚矣

新修清水河廳志卷之五

古蹟八景附

古人所經歷之境厥後遂播為佳美之談誠以蹟之有古足可增方隅之氣象而莊山川之偉觀所謂人傑地靈也清河屬在荒塞雖乏矜奇絕異之境然亦自有可紀者今特備著於篇而附於山川市鎮後庶犁然可共覩焉其未經採訪者均從略

志古蹟

古城坡

在街中北山麓相傳原係蒙古城郭後傾頹僅存土城敗牆半道而已居民以其地向陽且牆土堅硬挖作窰洞而棲身焉每年四月十八日賽會演劇士女如雲頗稱繁盛

花園

在巡檢署相傳以為係四公主園圃導青龍渠水入園澆灌花木餘水引入池沼至今渠流如舊而園亭池沼花卉無有存者惟依稀見臺榭形跡而已後人於中補建小亭三間

附錄會稽治鋒袁蘉庵甲子春日游園即事七絶二首云四圍山色總拖藍潋灩晴波漲碧潭柳黛生姿花靨媚春光三月似江南纖塵飛不

到軒中萬斛塵襟一洗空雲母窗前泉淲淲夜深人坐水晶宮又花農氏不著姓名無從稽考春日園中口號七絶一首云誰道春風阻苑門依然花柳徧芳園持杯鎮日山亭坐招得江南舊夢魂

聖泉寺

在西關外五里許小廟村有靈泉一股由神像座下流出其色清碧其味甘冽四時不涸號曰暖泉

飲之可療痼疾又號聖泉其流左右分派並能藉資灌漑蔬地百餘頃設遇天時亢旱官民祈禱雨澤於此虔誠取水無不立沛甘霖如響斯應泉内産長生蘋其葉蒼翠欲滴四時長青凌冬不凋他處所無也

雷音寺

在西北七十里榆樹灣相傳此寺係乾隆年間剏

三

建因雷聲震撼危崖塌出石佛一尊高至數仞法像莊嚴其地上傍崇山之險巇下臨黄河之不測人民行旅經過或舟行到此均各誠心趨寺焚香祈祝平安可保無恙頗稱靈應

聖水洞

在東七十五里坡村舊有石洞一孔忽見神水突出長流不涸乾隆十三年秋因大旱附近十數村

三

羣黎趨洞求水祈禱雨澤即獲普降甘霖遂供奉烏龍神像於洞中用昭神爽焉

千佛寺

由羊落灘渡口　沿河順流而下十五里曰園子對岸山頭有千佛寺俗曰喇嘛洞遊人從河岸山脚下盤旋曲折而上奇峰峭壁怪石嵯岈松柏成林雜木叢生頗稱勝境

古廢城

下城灣河東山坡上有破城一座相傳即古之東隣州也河西岸山頂平塌處亦有破城一座相傳即古之河陰州也城北臨河有石珠崖城南臨河有人頭𡶶又傳聞明成化二年因修府谷保德二處城遂將此二城磚石駝運而去今惟見殘闕舊址而已

腦包

由靈樹坪沿河逆流而上十里許有曰腦包者形如小山高約三四丈方圓約四五十畝石色紅紫若硃砂然其先在渾河西岍與托城屬之五藍不浪大塌相連嘉慶二十年八月十三日大風雷雨次日大霧瀰漫連日河水漲發及雨止霧散水退而腦包已移過渾河東岸古立半計河南岸離廟

五

藍旗廣濟莊三十一號村約四里許矣惟是歷年賴此腦包以障河水衝刷村人於月之朔望必焚香拜祭附近蒙古於每年六月六日宰犧牲具香楮相率前來獻賽名曰祭腦包

石筆峯

柳青河西對岸山凹中另有石樁直立高數仞形如筆尖因呼名為石筆峯云

飛泉瀑布

老牛灣口其村依山臨河村北山腰有飛泉一道形如瀑布水流激石有聲村人即於山坡下而置水碓水磨焉其上山之路紆回盤曲石梯石磴層層相接有名為閻王鼻者尤稱險極云

當陽橋

由渾河逆流而上約數里兩岸石山對峙其高數

俱東西相隔約五六丈南北約數丈渾河之水從此中流而過其上傳聞蓋即當日所謂當陽橋也今則東岸山坡窊處有取砌臺墩業已傾圮惟沿河西岸山麓有石盤相連並有石窠四個而已而橋之舊基無存村人傳言水内尚有石窠四個西山頂平處又有青石牌坊一座今亦無存矣此或即當日建橋遺址歟

石壁石洞

由當陽橋逆流而上約數里西岸有山名曰石壁高約數仞山腰有石洞洞口黑暗幽邃莫測淺深同治初年有採煤人楊氏者結伴三人裹糧持燈往探據言從洞口入行十五六里旁有一口再行約數十里大石當前側身而過或高或低忽上忽下過此以往其地漸寬陡聞水聲潺潺其深莫測以

石投之叮咚作響寬約丈餘上有獨木一株架作橋梁視之糟朽對面尚有一洞有門已為水阻至此糧盡不復前進返身退出業經二晝一夜矣後更無再入往探者

棟木溝古木瓜樹

在西五十里其村山硼錯雜林木叢生中有石炭窰四座闔郡炊燃胥賴焉又有古木瓜一株圍可合

抱枝幹如松鱗花似老梅每年三四月間盛開燦如銀粧花開五出瓣白心紅花落後而葉始生遂結子焉闔郡衹此一株更無他種蓋數百年間物也

八景附

嘗見方志每於疆域山川後必羅列數景以侈陳名勝率多粉飾附會揚厲鋪張無關體要然

相沿已久何妨亦從衆為之姑附其名於古蹟後以便觀覽云爾

玉屏疊嶂

在正南八里即平頂山也崇巖疊岫嵐翠青葱諸峯羅列有如屏障焉

金蓋層巒

在廳署後一名真武山孤峯危聳峻嶺嵯峩重疊

旋繞儼同華蓋故以名之

清水瀠波

在正南平頂山下清波細流曲折瀠洄環繞十有三道若玉帶然終年長流不涸嚴冬亦不結冰

渾河激漲

在北三十里石壁汎河流湍急入夏盛漲巨浪𤅢騰洪濤洶湧尤稱偉觀

榆灣漁唱

在西北七里榆樹灣岸臨黃河當清明以前河冰初泮鯉魚肥美撥刺於渾波激浪之中漁人鼓枻聯舟罾網兼施漁歌互答

雉堞雞鳴

在街中北傳聞為蒙古舊城基址天將曉時忽見城垣一區雉堞參差內有金雞唱曉則羣雞皆鳴

日出乃止而城堞亦不見矣

小廟聖泉

在西關外五里許小廟村聖泉寺有泉一股由神像座下流出其色清碧其味甘冽四時不涸可療痼疾號曰暖泉中有長生蘋其葉凌冬不凋蒼翠欲滴

雷音古佛

在西北七十里榆樹灣雷音寺相傳雷聲震塌危崖而古佛一尊露焉其高數仞石像莊嚴

十

新修清水河廳志卷之六

公署

在官之有廨宇所以懸法象肅觀瞻也雖一郡一邑而體統係焉昔周召伯循行南國舍於甘棠之下迨後民之愛之至於勿翦勿伐足徵遺愛在民自不能忘而況其爲出治發號令施令之所耶臨民者慎毋作傳舍觀也志公署

清水河廳署

在永安街東相傳係四公主府乾隆初年添設理

事通判一員即以此府第改作衙門

謹案阿附策倫敦篤其先係喀爾喀部長

聖祖仁皇帝康熙年間來歸

賜住歸化城大青山前建府第尚

四公主復以近邊一帶田地為湯沐邑自殺虎口

開邊招民耕種田禾豐收商賈輻輳絡繹不絕
地方稱極盛焉
大門外照壁一座
東西轅門各一間
大門三間
儀門三間
大堂三間

抱厦一間
煖閣一間
東門房二間
西門房三間
東書房院一所 計房五間
西書房院一所 計房六間
東西大仙樓各一間

宅門一間
内宅上房五間
東廂房三間
西廂房三間
馬號卷栅二間
馬王廟一間
大堂東吏兵工三房各一間

大堂西刑户禮三房各一間

儀門内東快斑房三間

儀門内西皂斑房三間

大門内捕班房三間

迤東土地祠一所

廟門一間

正殿三間

戲樓三間
迤西監獄一所係乾隆二年添建
獄神廟一間
内更夫房一間
外更夫房一間
男監房三間
女監房一間

四

監門外北首禁卒房三間

清水河巡檢署

在關帝廟西於乾隆二十一年通判納山承建相傳原係四公主花園澆灌花木引青龍渠水入園為池迄今渠流如舊而花卉池沼無存即亭榭亦惟基址形跡依稀尚在而已

大門外照壁一座

四

大門一間
儀門一間
東班房三間
西班房三間
大堂三間
煖閣一間
内宅上房五間

東廂房三間

西廂房三間

後書房三間

清水河駐劄武營署係乾隆二十七年通判伊實承建

在西關外

大門外照壁一座

大門一間

五

東班房三間

西班房三間

大堂三間

軍器庫房三間

書房三間

内宅上房五間

大門外迤東

關帝廟一間
火神廟一間
馬王廟一間
戲樓一座

新修清水河廳志卷之七

廟祀

祭法云法施於民以死勤事以勞定國能禦大菑能捍大患有功烈於民者則祀之清郡僻在遐荒凡壇壝祠廟之應載在祀典者尚多所闕略然而無淫祠邪祀以及浮屠老子之宮俗稱質樸茲將官民現所尸祝而秩祀者著於篇志廟祀

關帝廟

在廳署西乾隆十五年通判赫齡建修三十七年
通判富明添建廊廡嘉慶十年通判伊克坦布重
修咸豐年間
文宗顯皇帝頒發御製萬世人傑匾額一方敬謹懸
挂每逢元旦暨冬至各令節及恭遇
萬壽聖節均借廟宇為

萬壽宮恭詣朝賀敬謹成禮

火神廟

馬王殿

在關帝廟兩廡嘉慶十九年通判同慶建修添設

龍神廟

在廳署東三里許雷劈子坡康熙五十八年頭等

侍衛黄忠建修祈雨靈應光緒元年經升任通判

定福詳請奏准
頒發甘霖普濟匾額一方敬謹懸挂用答神庥並因
穀秀雙歧泐石以紀其事
瘟神廟
五穀神殿
在龍神廟内添設年月無考
呂祖廟

二

在關帝廟東光緒五年署通判奇瑛剏建

三官廟

在廳署東康熙年間建修

藥王殿

財神殿

在三官廟兩廡乾隆十五年通判赫齡添設

真武廟

在廳署後真武山上

文昌廟

河神廟

在街東閣上

觀音廟

在街西閣上

奶奶廟

三

在廳署二里許南溝村山坡上

大仙樓

在廳署東書房院後頗著靈應

鄧侯祠

土地祠

在廳署大門内東南隅咸豐六年通判蔭德納添

建樂樓一座並豎望杆一株每夜點燈一盞懸掛

於上以補風水

四

新修清水河廳志卷之八

義學坿碑記

古昔黨庠術序以教育乎人才而學校以興至周之辟雍魯之頖宮稱極盛焉我

朝文教昌明一道同風固已無遠弗屆矣迺清河僻處荒塞蒙民雜居人無土著而學校闕如經良有司軫念教育設為義學以培植孤寒甚盛舉也惜

乎地方苦瘠經費不充不足以敷束修膏火之用諸多荒陋闕略擴充規模猶有待也是所望於司風教者矣志義學

義學

座落關帝廟外院東邊按清郡向係蒙古草地未設學校乾隆年間官民捐資在關帝廟左建蓋義學房舍一所日久廢弛屋舍傾頹無存同治七年

通判塔恩哈首先倡捐即於舊日基址改建北窑房四間未及蔵事調署薩廳復經署通判恩堃捐廉以助經費延師開學以成其事經理生員朱轍等立碑志之現今每年延師修繕先年原置有馬廠康盛莊籤子地一條半須稱年歲之豐嗇以定地租之多寡即將此項盡數為延師修繕之需此外再無别項可以籌作經費者矣

坿重修義學碑記

古者家有塾黨有庠州有序國有學所以大陶成宏樂育也帝王宇御敷教與播時並命厚生以正德為歸則學重焉世有陞降學無古今是以郡邑皆有黌宮書院並有義學夫義學之設所以便窮民之無力延師者故情殷服古之士輒捐資以勸義舉俾良秀子弟由小成以至大成

罔弗歸於造就此義學之興所由來歟清郡本
屬外藩之地迨至
國朝雍正年間始入版圖因民無土著未嘗設立學
校關帝廟側舊有義學一所不知建自何時歷
年已久房舍傾圮僅存地基戊辰歲郡侯塔公
欲重建學舍以為作育人材之所乃捐廉為倡
而署侯恩公復捐膏火成之囑令巡廳周公與

生員朱轍公正楊普董其事勸諭都人士量力資助遂鳩工庀材建立學舍四間戶牖墻壁煥然聿新且辛勤搜訪得廂藍旗康盛莊籤子地一條半每歲所獲田租除繳糧銀外以為延師修脯之費夫而後養正有方聖功不外是矣庚午冬工竣開學丐文於余以垂諸石余耳其事竊喜兩郡侯及都人士之嗜學好義者有志作育

人材也又深幸此地之河清水秀鍾毓攸關不
數年間必有砥柱中流破巨浪於千里之外者
遂忘其茀斐而樂為之記至於代遠年湮無為
棘叢蕞無為荊蔓是又有望於將來山陰縣儒學
訓導辛亥
恩科舉人雁門賀詒謹撰

四

新修清水河廳志卷之九

倉儲

蓋聞耕三餘一耕九餘三食爲民天有備無患古人所以重積儲也

國家設立常平以及義倉罔非爲我黎民起見偶遇偏災歉歲即行出糶散賑念切民依者所宜隨時設法買補還倉也今將清廳現在實儲者詳載於

後以備存查志倉儲

常平倉

座落在廳署西古城坡下係乾隆二十七年添設

大門一間

倉神廟三間

官廳三間

厫口七所

積字廒

貯字廒

充字廒

盈字廒

增字廒

滿字廒

人字廒

二

原額共儲穀三萬五百六十石咸豐十年署通判吉昌盤出霉變穀二千五十二石其餘儘數碾運甯夏等處充餉無存至今尚未買補還倉

義倉

統在常平倉内

豐字共一厫
餘

光緒六年代理通判唐元齡奉文買補穀一千二

二

百四十九石七斗五升

三

新修清河廳志卷之十

職官

嘗思守此土治斯民守牧丞倅皆親民之官所謂民之父母也夫一命之士苟存心利物於人必有所濟掌其政令而帥以治之師以教之仁民愛物爲心則父母斯民之道備矣至若循分守職無負設官之典胥民所不能忘也志官職

通判一員

清水河於乾隆元年新設歸化城西南路協理通判隸歸化同知統轄嗣於乾隆二十五年經山西巡撫鄂　奏准裁汰七協改為實授通判仍隸該同知統轄乾隆二十九年經　山西巡撫和　奏裁歸化城通判摺內聲明和托薩清四通判所管刑名事件徑詳歸綏道核轉毋庸

由該同知管轄矣今僅將乾隆六年以後歷任姓氏具列於篇其六年以前因卷宗年遠霉爛散佚無存莫可查考姑闕疑焉

德　寅滿洲正藍旗人乾隆六年任

常　平滿洲鑲黄旗人乾隆九年署

伊勒圖滿洲鑲白旗人乾隆十二年署

赫　齡滿洲鑲紅旗人乾隆十五年任

二

海　明滿洲正藍旗人
乾隆二十年任

納　山滿洲正白旗人
乾隆二十一年任

伊　寶滿洲正紅旗官學生於乾隆二十四年任協理通判
嗣經裁汰七協改爲實授通判於乾隆二十六年二月任

富　明滿洲正白旗人
乾隆三十七年任

蘇爾通阿滿洲鑲黃旗人官學生
乾隆四十年任

德　興滿洲正白旗監生
乾隆四十二年任

靈　保滿洲鑲黃旗人義學生
乾隆四十三年任

積德滿洲正藍旗人官學生
乾隆四十四年任

春貴滿洲正藍旗人官學生
乾隆四十五年任

舒敏滿洲鑲紅旗貼寫中書
乾隆四十九年任

和德滿洲鑲黃旗人吏部筆帖式
乾隆四十九年任

四德滿洲鑲黃旗附生中式戊子科舉人
乾隆五十四年任

覺羅德銘滿洲正黃旗繙譯生員
乾隆五十五年任

三陽泰滿洲正白旗筆帖式
乾隆五十七年任

三

噶爾炳阿蒙古正藍旗繙譯生員
乾隆五十八年任

明安泰滿洲正藍旗繙譯生員
嘉慶四年任

明　祥滿洲正白旗人
嘉慶五年任

伊克坦布滿洲正紅旗繙譯生員
嘉慶六年任

珠爾杭阿滿洲正白旗人清字經官議叙
嘉慶十年任

覺羅榮禄滿洲鑲紅旗人官學生
嘉慶十年任

德克登布滿洲正白旗人
嘉慶十七年任

同慶滿洲正黄旗筆帖式
嘉慶十四年任

吉齡滿洲正黄旗人
嘉慶十九年任

恒杰滿洲正黄旗廪生中式辛酉科舉人
道光元年任

保定滿洲鑲白旗監生
道光二年任

魁英滿洲鑲白旗官學生
道光四年任

齊里克諾爾布蒙古正藍旗廕生
道光五年任

德福蒙古鑲白旗筆帖式
道光五年任

四

四

文　明蒙古正藍旗官學生
道光十二年任

祥　璋蒙古正白旗監生
道光十五年任

覺羅盛福正藍旗覺羅官學生
道光十六年任

興　齡滿洲鑲黄旗監生
道光十六年五月補

德楞額滿洲鑲黄旗繙譯生員
道光十九年二月署

恩　普正黄旗覺羅官學生
道光十九年十月補

雙　奎滿洲正黄旗侍衛處筆帖式
道光二十一年二月署

盛福道光二十一年七月署

薩克慎滿洲鑲黃旗廩生道光二十一年九月補

雙奎道光二十四年三月補

覺羅清勳滿洲鑲黃旗官學生道光二十六年四月署

福申滿洲鑲白旗繙譯生員道光二十六年十月補

印德本滿洲正藍旗文生員道光二十七年七月署

福申道光二十七年八月回任

五

五

薩克慎道光三十年七月補

恩　隆滿洲正藍旗人監生兼襲世管佐領岢嵐州知州
咸豐元年十一月署

成　裕內務府鑲黄旗蒙古筆帖式
咸豐二年四月補

慶　齡滿洲鑲藍旗文生員
咸豐五年十月署

蔭德訥蒙古正白旗監生
咸豐六年六月補

賽音阿蒙古正藍旗官學生
咸豐十年三月兼理

吉　昌滿洲鑲紅旗戶部筆帖式
咸豐十年四月署

成裕咸豐十年十月補

塔思哈滿洲正黄旗官學生

咸豐十一年四月署

廣有内務府蒙古鑲黄旗監生

同治元年三月補

德昌滿洲鑲白旗監生

同治三年三月兼理

和陞額滿洲正藍旗繙譯生員

同治三年四月署

塔思額同治三年八月補

常桂滿洲正紅旗繙譯生員

同治四年捌月代理

六

六

塔思哈 同治四年十二月回任

恩堃 字樹堂行二係滿洲鑲黃旗人國子監官學生 同治九年九月署

吉存 滿洲鑲白旗生員 同治十一年三月署

定福 滿洲鑲紅旗監生 同治十二年六月補

恩承 蒙古鑲白旗廕生 光緒二年六月署

色勒 滿洲正紅旗官學生 光緒四年六月補

奇瑛 滿洲鑲紅旗廕生兼襲騎都尉 光緒五年署

璧理　滿洲鑲白旗監生
光緒六年署

文秀　滿洲鑲藍旗官學生翰林院筆帖式
光緒六年十月任

馬元驥　甘肅臯蘭縣人廩貢生
光緒九年十一月任

巡檢一員

係乾隆二十年添設今將歷任姓名開列於左

張增禧　乾隆二十年任

劉景軾　乾隆二十七年任

聶名標湖南麻陽縣廩生
乾隆三十年任
李清成乾隆三十七年任
蕭映斗乾隆四十年任
陸士鈞江蘇吳縣監生
乾隆四十三年任
翁　堦順天大興縣監生
乾隆四十四年任
康濟源四川金堂縣監生
乾隆五十一年任
趙宜霖江西南豐縣監生
乾隆五十二年任

汪元璠河南夏邑縣附生
乾隆五十三年任

王裕灝直隸淶水縣監生
嘉慶十二年任

徐仰高江蘇吳縣監生
嘉慶十四年任

張徵垣順天大興縣監生
嘉慶十六年任

邛永嘉順天大興縣吏員
嘉慶十八年任

林景周浙江山陰縣議叙
嘉慶二十五年任

任　達湖北江夏縣翰林院供事
道光九年任

八

八

錢廷炤浙江仁和縣監生
道光十九年二月代理

陳晉佑祖籍安徽歙縣順天大興縣監生
道光二十年四月署

張樹烈順天府涿州監生
道光二十一年五月署

劉必綱江西吉水縣監生
道光二十三年五月署

許發塈順天宛平縣監生
道光二十三年十一月署

閔澐湖北武昌府江夏縣人
道光二十四年五月補

于光晉順天大興縣監生
道光二十五年三月署

段英杰　直隸延慶州人　道光三十年三月代理

戴致仁　浙江山陰縣人　户部吏員　道光三十年三月署

童培芝　浙江會稽縣人　順天大興縣監生　咸豐元年五月署

饒士尊　江西萬年縣人　監生　咸豐元年十二月補

周維琳　直隸蔚州人　增生　咸豐三年三月代理

張紹濂　直隸通州人　供事　咸豐五年四月代理

九

潘釗浙江仁和縣監生
咸豐五年四月署
徐鏈直隸宛平縣人大理寺吏員
咸豐五年十月補
張紹濂
咸豐六年五月署
張璞順天大興縣監生
咸豐八年二月署
沈炳順天大興縣監生
咸豐十年三月署
徐貽泰浙江錢塘縣人監生
咸豐十一年九月代理
張韻直隸南皮縣附生
同治二年正月代理

周霖直隸玉田縣人監生
同治二年六月補

沈炳同治四年九月代理

沈廷淦浙江歸安縣人監生
同治六年五月代理

曹遇亨直隸樂亭縣人監生
同治十年正月代理

存英鑲黃旗漢軍監生
光緒元年四月代理

楚思孟江蘇無錫縣俊秀
光緒二年四月代理

陳光祖浙江山陰縣人監生
光緒四年六月代理

十

十

蔡淦湖南邵陽縣人監生
光緒六年八月代理

姚桐書直隸涿州人監生
光緒七年三月調署

戴鴻翥直隸滄州人監生
光緒八年代理

沈守正浙江歸安縣人監生
光緒九年代理

周霖光緒九年七月回任

把總一員

清水河營汛於乾隆二十六年添設奉文將靖遠

營屬新安汛把總移駐清廳西栅外即於三十年十月新安汛把總龐璽帶領馬步兵丁來清駐劄以後迄今歷任姓名概無卷宗無存查考

龐璽

施本祥大同府大同縣人行伍同治九年任

官俸役食附

通判一員

原設俸銀二十八兩向在朔州支領嗣照内地通
判之例歲支俸銀六十兩除原設俸銀外奉文於
裁汰善昆二協官俸役食項下添給銀三十二兩
自乾隆二十六年八月二十日奉
旨之日爲始以後每年應領俸銀六十兩由藩庫請
領原額設養廉銀六百兩在於藩庫請領嗣奉文
裁汰善昆二協養廉銀共一千二百兩奉文分給

清廳銀二百四十兩自乾隆二十六年八月二十
日奉
旨之日爲始以後每年應領養廉銀八百四十兩按
季赴藩庫請領
原設　門子一名　快役六名　皁役六名
捕役八名　馬夫一名　仵作一名
斗級四名　禁卒八名　更夫五名

共四十名每名每年給 工食銀六兩共應領銀二
百四十兩向赴朔州支領 嗣奉文裁去馬夫一名
添設轎夫四名共四十三名每歲應給 工食銀兩
除原額外在於裁汰善昆二協役食項下添給銀
十八兩自乾隆二十六年八月二十日奉
旨之日為始以後每歲額領銀二百五十八兩按季
由藩庫請領

廵檢一員
係乾隆二十年添設原設俸薪銀三十一兩五錢
二分養廉銀六十兩均由藩庫請領
原設　弓兵十名　刑皁二名
共十二名每名每歲給工食銀六兩共銀七十二
兩由藩庫請領
勸賑獎敘官紳附

光緒六年初十日準
吏部咨議覆晉撫 奏山西歷年辦賑官紳著有
勤勞繕具清單請獎一摺於是年四月二十七日
奉
旨依議欽此
署通判恩承改給四品銜
巡檢周霖請俟補縣丞後以知縣用

試用訓導劉萬亨改給應得陞銜
從九銜武寬請以從九品不論雙單月歸部候
選用又
光緒六年十月初八日準
戶部咨議覆晉省紳民捐賑請奬一摺於六月初
九日奉
旨依議欽此

十四

十四

周熙俊直隸玉田縣人請作監生以縣主簿單

月選用

周熙瑞直隸玉田縣人請作監生以從九品雙

單月選用

王定國偏關縣附生請作監生以從九品雙單

月選用

六品功牌

王凌霄定襄縣人　　王　浩榆次縣人

七品功牌

朱　轍偏關縣庠生　　韓毓仁崞縣人

武鳳來崞縣人　　賈子昭平魯縣人

楊鳳岐偏關縣人　　郭　巍偏關縣人

劉本清崞縣人　　胡永舒偏關縣人

王起龍　　韓　鎧

十五

董清源

劉登

郭自清

田福泉　榆次縣人

新修清水河廳志卷之十一

營汛附兵數

傳云有文事必有武備蓋致治以文爲先而戡亂以武爲要乃知二者固不可以偏廢也我國家敷文教亦重武功是以設險守固其於營伍之制無不至周且備因疆界之犬牙相錯也而分防設守各有專司矣茲將清廳營汛及所轄各隘之

地並其兵數均詳載於篇俾守土者有所參考焉

志營汛

清水河營汛

駐防把總一員乾隆二十六年添設奉文將靖遠營屬之新安汛把總移駐清廳西關外

原設 馬兵十六名 步兵四十名

營房一所

兵房十二間
界牌廳三間
望樓一座
墩臺五個
石壁汛鋪在廳北三十里
原設　馬兵二名　步兵四名
界牌廳三間

二

兵房十二間
望樓一座
墩臺五個
紅沙口汛鋪在廳北八十里和廳所屬
原設　馬兵二名　步兵四名
界牌廳三間
兵房十二間

望樓一座
墩臺五個
道光十一年裁汰馬兵一名步兵三名咸豐四年
裁汰馬兵二名步兵五名同治元年裁汰馬兵三
名步兵八名以上三次共裁汰馬步兵二十二名
現在存營馬步兵共三十四名
駐防營汎

現存馬兵八名　步兵十八名
石壁汛鋪
現存馬兵一名　步兵三名
紅沙口汛鋪
現存馬兵一名　步兵三名

三

新修清水河廳志卷之十二

驛傳舖遞附

皇華使命之往來官府文移之遞送無一不關緊要此古人之所以設驛而置郵也清河一郡屬在荒區四面皆山車馬難行不臨大道亦鮮雜差並無專驛之可紀茲將現存遞馬暨馬夫數目著於篇而以舖遞附焉志驛傳

原設　遞馬二匹
　　馬夫一名
　日支夫馬工料銀兩向係由藩庫請領
鋪遞附
原設　鋪司三名　在本街
乾隆二十七年添設和林格爾交界邊鋪二處
神崖村鋪司三名　係和廳舊鋪歸併

獺兒壩鋪司三名 係新添
共鋪司九名每名歲給工食銀六兩共應領銀五
十四兩向由歸化城都統牛羊稅銀項下按季請
領嗣於咸豐四年經山西巡撫恒
奏准裁汰改設遞役四名所支工食仍舊每名給
銀六兩由都統衙門請領

二

新修清水河廳志卷之十三

田賦稅課附

古者重民財惜民力賦惟什一役僅三旬厥後賦役繁興而民生日困矣我

朝雜派加徵久已報罷屢次恭遇

覃恩頻行蠲免正項設有偏災歉歲復為豁免緩徵

其所以愛養元元者至周且徧清郡地瘠民貧催

科撫字豈易言哉是所望於賢有司之勞心民瘼者矣志田賦

原額開墾成熟地一萬三千四百二十六頃八十二畝九分一釐七毫於

乾隆二年分上中下三則徵收上地每畝徵米三升草折銀一分五釐中地每畝徵米二升草折銀一分二釐下地每畝徵米一升草折銀九釐

共應徵本色米一萬三千六百石零六斗二升一
合四勺入草折銀改徵米九千七百零九石二升
七合二勺每年共應徵本色米二萬三千三百零
九石六斗四升八合六勺於
乾隆三十一年經前撫彰
題準每米一石改徵銀一兩二錢五分
共應徵折色正銀二萬九千一百三十七兩六分

七毫五絲分上下兩忙完解
嘉慶二十五年共報廢地一千七百七十四頃七
十九畝二厘七毫五絲共
豁除折色正銀三千八百一十五兩八錢
道光元年共報廢地四百一十三頃八十八畝二
釐五毫共
豁除折色正銀八百八十九兩八錢四分二厘

道光十五年共報廢地三千八十七頃五畝四分
九厘三毫共
豁除折色正銀六千六百三十七兩一錢六分八厘
道光三十年共報廢地六百七十頃一十四畝四
分九厘共
豁除折色正銀一千四百四十七兩二錢六分二厘
咸豐三年共報廢地二千六百零四頃八十五畝

三分一厘共
豁除折色正銀五千六百兩四錢三分四厘
以上五次報廢豁除外
實應徵折色正銀一萬七百四十六兩五錢五分
五厘每兩額加耗銀五分共銀五百三十七兩三
錢二分七厘七毫五絲
鑲藍旗廠地

原額四百三十八頃
應徵租銀六百一十三兩二錢遇閏加增三分
嘉慶二十三年共報廢地二百六十二頃五十畝
豁除銀三百六十七兩五錢
現實應徵銀二百四十五兩七錢耗銀一十二兩
二錢八分五厘
税課

永安街設立斗牙二名

韭菜莊鎮設立斗牙一名

每名每年額徵稅銀一兩二錢批解司庫

當稅銀五十四兩此項向係活數無定

每年春季該商等自行解往歸化廳衙門充餉

葯料釐金

咸豐七年新增儘數解繳籌餉總局充餉

新修清水河廳志卷之十四

戶口

民為邦本茍無其人何以能國我
朝撫有方夏四海同風中外一體
聖澤之所涵濡久道化成休養生息固已二百餘年
於茲矣宜乎林林總總皥皥熙熙同登於仁壽之
域而安其耕鑿之天懿歟休哉其人民富庶之景

象有日見其蕃衍滋長而莫之有艾也志户口

清水河廳所轄之屬原係蒙古草地人無土著所有居民皆由口内附近邊墻隣封各州縣招徠開墾而來大率偏關平魯兩縣人居多自乾隆年間

本街

分為兩甲二十五牌約計二百五十零户

男一千五百餘丁

女一千五百餘口

四鄉

分為十甲一百六十牌約計一千六百零戶

男七千餘丁

女六千五百餘口

嗣因所墾熟地或被風刮或被水衝是以口內

招來之民棄地逃回原籍者實繁有徒今據光

緒八年認真編查保甲戶口數目開列於後

本街

實在一十八牌計一百六十八戶

男九百三十三丁

女四百七十三口

四鄉

實在九十八牌計七百五十五戶

二

男七千三百四十丁
女五千八百六十二口

三

新修清水河廳志卷之十五

列女　烈婦　節婦　賢媛

今夫列女之名昉於劉向其所傳蓋不僅著貞節已也凡才與學有足為閨閣壼範之法鑒者胥必採焉厥後誌方志者踵事為例而無敢或違清河界在邊荒人民率多流寓凡有閨貞賢孝節烈俱各由其原籍詳請具題職此之故是以此地竟爾

寥寥無幾兹特將有卷可查考暨訪聞確切有據者悉著於編以資觀感而發潛德之幽光云爾志

列女

烈婦 三人

楊黄氏年四十五歲係農人楊正之妻原籍隸偏關縣寄居清郡之陽井上村乾隆三十九年六月初八日夜因被本村人王時鳳圖姦未成羞忿自

縊身死時通判蘇爾通阿驗訊明確詳請
山西巡撫具題經
部議覆楊黄氏準其
旌表乾隆四十年四月二十六日奉
旨依議欽此當經行文遵照請領建坊銀三十兩給
發本夫楊正收領在於本村之大道邊建立牌坊
一座

二

王杜氏係王增壽之妻原籍代州崞縣人寄居清
廳之花園巷中生有二子而家貧甚其夫素不務
正日事賭博往往凍餒之而氏藜藿自甘備歷艱
苦無怨言同治五年五月間其夫他出不歸氏斷
炊已三日矣因向居停常姓者假銅錢數百暫救
燃眉以俟夫歸不意常姓於授錢時頓起淫心遽
爾調戲氏面發赤投錢驚走入室羞愧痛哭經隣

二

婦勸解求寢其事次日其夫歸聞之怒指氏大肆辱罵氏羞忿無地自容遂以薙刀自刺其喉未死復服毒殞命經有司驗明通報覆審詳請具題奉
部議覆准其
旌表奉
旨依議欽此並賞給建坊銀三十兩
查畢氏係查文璽之妻原籍安徽懷甯縣人隨夫

逃避兵燹僑寓清河其夫染疾在牀氏衣不解帶日夕親侍湯藥祈禱神祇願以身代無何夫病危殆而歿氏慟不欲生哀啼絶粒既而念己子女一無所出又無親族可依且距故鄉數千里而遥安能扶櫬歸里遂强起躬視含殮料理喪葬事宜並於清置地為夫卜葬窀穸既安即於是夜仰藥而死年三十八歲夫一死有輕於鴻毛有重於泰山

者令氏慟夫情切慷慨捐生實屬義烈可嘉而其
死重於泰山矣經通判定福詳請具奏嗣奉
部覆准其
旌表光緒三年十二月十八日奉
旨依議欽此並賞給銀三十兩而官為之建坊焉
節婦六人
何康氏係農民何德巍之妻原籍平魯縣寄居清

郡之韭菜莊髙氏生而明敏性幽嫻貞靜于歸後
操作勤儉孝親敬長睦族和隣夫婦亦和好尚未
生子而夫忽病歿氏時二十九哀慟之餘營理喪
葬既殯後遂邀族長議繼立猶子以為嗣苦志守
節三十餘載艱辛備嘗撫養嗣子至於成立為之
授室而氏亦已六十餘矣今尚康强矍鑠戚里咸
欽其懿範公呈於原籍有司轉詳題請

旌表已奉部文覆准矣

何王氏係何德崇之妻居韮菜莊窩夫亡苦志堅守今六十五歲戚族咸欽其閫範於光緒七年由原籍平魯縣禀呈轉詳題請

旌表已蒙部文覆准矣

范劉氏係祁家溝村人范玉之妻翁姑早卒其夫以縫裘為業生二子而夫病歿氏年二十有九子

一尚孩提一在襁褓田無寸土儲無粒粟惟遺破
土窑三間而已而氏乃茹荼自甘飲冰勵節撫養
孤子母兼父職寬嚴交濟持家勤儉井臼躬操子
漸長即令出就外傅讀書每飯必以美食予之而
己與次子則啖粗淡焉至次子讀書亦然而其庭
訓之嚴子雖長成而出告反面無敢或違迨後恐
子讀書無成即命習學匠藝遂成工師二子俱各

成立娶妻生子今已抱孫而家門日漸饒裕矣良
田數坰半農半工而氏猶兢兢每日以勤儉爲訓
戒焉
武張氏係武家梁村人武應龍之妻性貞靜于歸
五載而夫亡氏年二十一有一女方四歲子生纔
三月耳前室遺一女亦止數齡撫之如己出氏循
分勵節飲蘗如飴上事姑嫜下撫兒女逾二載而

六

翁姑相繼病歿營理喪葬罔不盡禮勤儉操作艱辛備嘗苦守幾三十載以勞瘁卒迄今子孫蕃衍家門興盛人皆以為苦節之報云

何郭氏滙泉子村人何廷貴之妻年二十八而夫病故生有三子俱幼氏本富室女閨中惟知刺繡及夫亡後竟能經理家政井井有條且於田畝中事凡耕耘刈穫躬率傭佃諸工人自晨至夕操作

勞苦如男子故家業鼎興尤勝於前撫養三子母兼父職教之成立或農或商各有所事氏今年七十有一尚康强無恙而孫曾繞膝矣族戚鄰里咸欽其懿行焉

楊王氏商民楊增有之妻寓居本街倉背後巷中于歸後歷生二子俱幼年二十七而夫病卒翁姑衰朽而老病在牀親侍湯藥日夜無倦及歿經理喪

葬均各盡禮且克勤克儉苦志勵節精力消耗積勞成疾年五十有五遂奄然而逝今其家門興旺子孫稱繁盛焉

賢婦二人

楊氏農家女早喪父母其叔貧不能育童養於夫家其夫楊攔存係祁家溝村人乃螟蛉之子也迨姑卒而翁已衰老聾憊不堪經理家務夫弟又懦

七

弱信婦言遂與氏夫婦分居各爨僅予薄田數墒
而已翁與次子同居不免凍餒艱苦數載當光緒
丁丑戊寅之歲饑饉頻仍翁益老病氏勸夫往迎
翁返同居以便奉養惟貧家院無餘室氏不避嫌
疑竟與寢翁同室而處起居飲食必潔必周雖乏
甘旨之供而菽水承歡和顏順志必務得其歡心
而後已迄於今子孫成立家門日盛戚里咸嘖嘖

稱為賢婦云

李祿之母傳者忘其姓氏生二子而寡家甚貧於道光年間歲頻饑饉氏操作艱苦度日恒不給惟日採野菜雜糠秕以為食遂致一身癰腫亦無所怨悔其長子方數歲饑餓難忍私向隣家竊取其飯食之聊以果腹氏知之怒其濫行無耻恐將來流入匪類為穿窬盜賊之行有玷家門而辱宗祖

遂以麻繩勒斃之時次子李祿尚在襁褓也夫父
母之於子溺愛者十居八九至能大義滅親雖在
丈夫輩亦殊少概見不謂今乃於巾幗中見之嗚
呼豈不戛戛乎難哉

九

忠臣

王應選家里小莊窩村人家素封半耕半讀原籍偏關縣屬水泉營堡中望族也父瓚廩貢生長兄應熊次兄應聘亦俱廩貢生應聘曾署蒲州崞縣大同府等處訓導應選由武生中式道光辛卯科武舉授廣西賓州雲懷營守備出征江浙陞福建邵武右營都司漳州右營遊擊委署建寧鎮左營

十

遊擊奉派出征自興郡統帶建甯邵武二營精兵
前赴仙遊縣剿捕逆匪於咸豐三年十一月二十
三日遇逆匪於嶺胶接仗陣亡奉
旨賜恤賞給予雲騎尉世職襲次完時改為恩騎尉
世襲罔替並
誥封三代二子鉞錦扶柩歸葬其長子鉞襲職未仕
而卒孫寶三遞襲在營効力已委署將軍會堡把

總矣

孝子

李連七墩窰村農也家綦貧自幼未嘗學問而天性純孝父成林早歿母李氏生平喜以油麥雜麻豆炒而食之及衰老齒禿礙難咬嚼每欲充腸不能適口連目擊心傷默思而得曰母如不嫌污穢兒請嚼而哺之母曰子口卽我口何穢焉連遂親

口代嚼如烏鴉之反哺然至母欲遊隣閒話消遣連則晨背送而往午必迎負以歸雖在農忙之際未嘗少怠如隣村有演劇賽會者連必請母遊觀恐騎畜有失必親身背負往還且時時候問身體倦否寒熱如何雖終身如一日也生二子長存材次存阜孝亦如之及長操作經營辛苦倍其父以故家業興旺田連阡陌市設通衢傭僕牛馬日益

繁盛迄今連年八十有五康健矍鑠孫曾繞膝人
咸以為孝行之報云
王世臣古城坡居民也母張氏七旬而孀龍鍾日
甚世臣曲盡孝道夜不忍母獨寢必與己同室妻
韓氏亦賢慧助夫行孝覺寤時必撫捫聽視恐母
寒熱失宜也日間母行院中妻必扶持以防跌撲
世臣如從外來遇之即背負以歸昏定晨省以至

十二

衣食供奉無不仰體親心母年八十有五世臣夫妻亦五十餘生一子性樸訥媳劉氏無疾而歿殮已經日晨聞棺中呻吟啟而視之已復活詢之自言死後信步遊行無家可投亦無人收留忽遇母家伯祖父與一白鬚老人言少年女子不宜遊行於外吾送汝歸白鬚人遂背負而行比至門首時將向晨適祖父來視棺衾隨而入因得醒人猶恐

有他變乃久亦無恙今已抱子矣聞者傳為奇異鄉黨咸以為孝行所感云

陳安陳柱同胞兄弟也父芝靈早殁母張氏孀訓最嚴而安柱又天性孝友自幼因貧廢讀及長俱學縫裘業凡事稟命而行不敢自專母於五旬餘患搭背瘡醫藥罔效勢甚垂危或謂口吮可愈安柱日以口吮功效平平乃相商於觀音前跪香祝

十三

禱各願減壽五年並將安妻楊氏桂妻高氏亦各減壽一年為母增添正欲往觀音廟中跪祝而弟桂轉思母病危急兄弟俱往廟中倘母不測竟無一子在前似覺不妥況説話處即有神何必定往廟中且本宅竈神專察人間善惡莫若跪祝阜前母即不虞兄弟在側亦不悞事待母病痊再往廟中補跪未遲兄安以為然淨手焚香跪祝竈前約

一時許母忽大呌曰我説再不服藥何又以藥灌
我安柱同曰兒等俱未離家那得有藥奉母母曰
明明有一黑臉大漢站立面前擺放三椀藥湯已
經灌我一碗被我推潑二盌何得云無言次漸覺
清爽未幾尋愈厥後家業日興子孫繁衍而安子
懷德讀書入監素敦孝行後其母楊氏六旬病歿
懷德恐僧人拜懺不虔親於柩前跪誦金剛經每

十四

日三遍如是百日始擇吉安厝懷德生三子皆肖其祖父其第三子瑞已入泮可謂以孝傳家者矣

義士　拾金不昧

李致遠本街人也一子名澍父子俱為人傭工致遠年近五旬性迂直而家屢空澍於乾隆五十四年為人執鞭偶於途中拾得錢袋一個內裝布小包甚重蓋銀也未敢啓視持歸與父相商貼報單

於通衢招失主尋認聞者咸非笑之以爲愚或有勸其隱留自用者致遠曰父子俱傭命窮可知如匿而自用無福消受必遭奇禍況失物之人知爲誰何如其人得以自專雖失財物尚無他虞如其人不能自專或少不更事再有人猜疑追問必致廢命是無益於己而反害人情願受貧不肯造此罪孽也張貼報單已隔年而尋認者乃嶂縣同川

人張大榮大賢兄弟也折包檢視不少分毫欲以

一半爲謝致遠堅辭不受乃爲之懸挂聖治遺風

匾額於

關帝廟内以彰其義又製袍服一套鼓吹送酬迄今

子孫繁衍或工或商雖非履厚席豐而衣食源源

頻素封焉

新修清水河廳志卷之十六

風俗

夫因乎地者謂之風成乎民者謂之俗民生於是各囿於方隅之氣以少長飲食乎其閒相習焉至於久而莫能以自變惟望有臨民之責者為之優柔而利導之庶幾風移而俗易於以知風草之機其端甚速也誌風俗

清水一郡所屬幅員遼濶至千餘里原係蒙古草地所有居民並無土著大抵皆内地各州縣人民流寓而附近邊牆之偏關平魯二縣人為尤多其風氣各就所隸之地以成俗亦與邊外各屬不甚相遠也其岨峿阻積之山憑陵怒奰無廣川巨流以疏其鬱塞而地處高寒四時多風飄振勁烈蓋地氣然也顧以地界蒙古俗尚質樸椎野頑鈍尚

氣少通無論貧富總以勤儉為主或農或商不事
奇技淫巧夫郡既僻處邊鄙又無桑柘麻枲之利
故其人每艱於衣食少大姓巨族即富家產無千
金以上者有則便號稱雄魁乃嗜利孳孳錙銖必
較且疾病信祈禱不貴醫藥此其弊也民既多貧
安其服食物用之陋故列市無幾亦無異物奇貨
即布帛尋常日用之需悉自外來非地所產其價

亦皆昂貴所有商賈主闤闠者率皆邉内人或負販或坐售居民往往惰而拙於計焉至於婦女拙陋不務妝飾然亦不省紡織每當農忙時多往隴畝中耗草拔禾以助耘穫諺曰八月秋忙繡女下牀其習俗然也

冠禮久廢

婚禮

嫁娶婚姻之禮民無土著亦無成規凡婚勿論貧富大抵必計貲財初定時惟憑媒妁通信撮合兩姓之好書女子生年月日於紅箋帖上謂之送庚帖至財禮之多寡不等有小繳財禮者亦有大換帖者凡親友送禮於女家謂之添箱至娶時循利月擇吉日鼓樂迎娶壻不親迎新婦入門拜天地飲交杯而合巹焉次日拜祖先謁姑嫜由家族以

及親友次第叩拜名為認大小第三日女偕婿同往母家歸甯名為回門禮數悉簡便尚無縟文女子皆早嫁年十六七已多有抱子者矣

喪禮

喪葬之禮所行不一各從其俗各處寄民之不齊又有貧富之異致所謂喪具稱家之有無也初殁之三日或五日或七日子孫抱捧靈牌至就近廟

宇中告神名曰吽夜殯葬先期有請浮屠拜佛諷經者有延士人作誄文贊禮祭奠者又或翦綵爲人號童男女者或以色紙糊房院名爲陰宅者親友則以楮鏹冥資麪供致禮焉葬後三日子孫等於黎明時以紙糊作鍋瓮等器送至墓所焚化謂之安鍋宅親友亦來助祭名曰服三尚無泥信堪輿之説卜地卜日動經歲月而遷延不葬者

祭禮

農商士庶俱無家廟歲時伏臘均祭於寢室以紙畫牌位而書祖父名諱於其上懸而挂之謂其名為雲而亦有設木主者至清明孟秋望日孟冬朔日皆祭於墳塋謂之掃墓

立春節後 天尚寒冷時多大風春分以後東風解凍農事方動清明前後草木甲拆甫種麥豆穀雨後

徧種麻莜麥胡麻

立春前一日廳官率僚屬朝衣朝冠盛設儀仗迎春於東郊詣芒神前跪拜行禮歸則鼓樂導前土牛芒神居後舁至公堂而宴之次日立春時仍於芒神前行禮如前官僚各執五色綵鞭鞭牛使碎而禮成矣謂之打春夫迎春之禮絢爛清靜存乎官長之好尚而習俗相沿皆謂此禮熱鬧則年穀順

五

成往往試之而驗禮從其俗可也又邉鄙禮文多從簡便農人即於迎春之日在東郊呈牛犋播籽種官執犁三推而扶犁之禮亦於是日成焉

立夏前後時方漸暖堅冰始消種穀高粱小滿前後即種莜麥糜黍兼種瓜菜雜豆夏至以後雖三伏盛暑惟日中炎熱然亦無需紗葛等衣早晚仍須禦綿衣也

立秋後天已漸涼麥豆成熟處暑後蕎麥亦收白露
前後往往降霜秋風寒〻露後百穀盡收野無田禾
百草漸枯木葉脫落人半衣裘霜降節後天時雨
雪土工不興
立冬〻以後地已凍實冰結不解冬至後水澤腹堅凍
厚數尺積雪不消小寒大寒〻嚴風冷雪刮面如刀
有墮指裂膚之懼

節序

正月元旦五鼓夙興闔屬商民燒柏葉放花爆雜陳粃醴餚饌焚香拜祀天地神祇謂之接神次拜祖先畢乃長幼序拜黎明親族隣友各至相往來拜賀謂之拜年

初五日俗呼是日為破五商民於黎明時掃室中穢土以筐盛之送置十字路旁名為送窮

六

十五日上元佳節入夜街衢中懸燈籠火有扮作文故事沿街歌唱者名秧歌有扮作武故事沿街舞打者曰社火又有以竹編船用色紙糊飾一人妝扮美女在船中沿街遊行名為船燈花爆盈耳士女如雲頗覺熱鬧

二十日名小添倉二十五日名老添倉農民於曉間用蕎麪或油麪黃米麪揑作燈盞沿口揑小

夬拐按月計數蒸熟時即麵盞中水之多寡以卜某月雨之多寡往往而驗是日以爐中炭灰畫圈於院中名為打囤小添倉囤圈内埋麥豆老添倉囤圈内埋黍穀早晚俱焚香於内至晚即點麪燈於内名曰看囤

二月初二日相傳以為龍擡頭日居民於黎明時用木桶向井汲新水中放銅錢數枚挑歸室傾入

缸甕内名曰引錢龍是日多雞頭髮名雞龍頭

清明前一日為寒食是日俗名鬼節居民家家拜祭墳塋凡新婦其姑必領之以祭墳男女孩童以木繫繩架作鞦韆為戲又以麥麪揑作鳥形名寒燕兒以供兒女之嬉玩

四月初八日居民入聖母廟祈禱施油香而婦女尤盛有將廟中泥孩用紅繩拴繫者有點誌於身

上者又有將泥孩抱歸者名為拴寄兒女
十八日古城坡每歲於是日賽會演戲士女如雲
頗稱繁盛
五月初五日端陽節商民男婦均以艾簪髮以紅棗
黍米糯米為粽飲雄黃酒小兒以五色絲線繫
項臂名曰鎖兒又以五色線帛作為囊如雞心
形內裝雄黃佩於身以避蟲毒農家於是日祭

八蜡俗名祭蚜蚄

二十五日大廟在東關外雷翁子坡内祀龍神祈雨靈應每歲於是日酧神獻戲商民霧集士女雲屯稱極盛焉

六月十三日小廟村在西關外五里許有聖泉寺内祀水神每歲於是日賽會刑牲演劇用答神庥舉國士女商民無不咸往遊觀且其地清幽有

湲泉一股澄碧甘洌内有長生萍其葉蒼翠四時不凋他處所無尤稱佳勝是日游人雜遝借以踏青携帶酒殽席地而坐嬉戲至夕乃還

七月十五日是為中元亦名鬼節拜掃祖塋一如清明是日也居民用麥麪蒸作美人形餽送戚里以供兒女之嬉玩比户皆然

八月十五日中秋節商民以月餅瓜菓等物相餽送

入夜則陳設瓜果月餅於院内焚香叩拜以供
月光然後劇飲歡賞竟夕乃罷

十月初一日亦號鬼節民間呼為歲臘拜祭墳墓皆
如清明中元並剪紙為衣焚於墓上或於夜間
焚之門外謂之送寒衣

冬至日居民於是日亦拜祭墳墓如鬼節但賀冬
之禮久廢不行矣而士商家有於是日以紙為

圖畫圈其中而墨染之仿古作消寒圖者

十二月初一日農人以麻豆油麥炒熟五更後舉家咸食之名曰咬鬼又名咬草其習俗然也

初八日居民合扁豆雜米糧和棗煮粥名臘八粥農家五更時即食俗傳誰家早食來年禾苗早熟農人打置冰片栽立糞堆中名臘八人俗傳為糞中不生蟲又是日僧人在關帝廟中邀衆

諷經名雪山會並設施粥飯以濟窮困焉

二十三日晚間設果餅餳糖於竈前焚香奠酒以祭竈名為送竈神上天此後數日諸神朝天百無禁忌矣

歲除日是日晦日名除夕易門神換桃符貼春聯爆竹盈耳家家卑幼人等羅拜於尊長之前以次拜揖名為辭歲老幼團飲歡讌亦有通宵不

寐者名曰守歲又名熬年

新修清水河廳志卷之十七

祥異

昔周設保章氏以察妖祥春秋列國太史各省其國之屬辨其吉凶清雖一郡其地原係蒙古部落大於陳蔡多矣夫識微之君子遇祥不喜遇災不玩鑒往事以恐懼修省焉志祥異

同治七年秋天雨氷雹東南村莊田禾被傷未登

錢糧蠲緩

同治八年仲秋被霜爲灾五十四村莊錢粮蠲緩

同治十三年神池窰等村穀生雙穗又威遠窰村民人賈復真家馬產雙駒

光緒元年秋東鄉一帶冰雹如雞卵打禾殆盡錢糧蠲緩

光緒三年晉省大旱以屢歲洊饑粟貴如珠百姓

食糟糠剝樹皮掘草根甚至人相食鬻子女僅易一餐在襁褓者父母棄之道路不顧而去商旅不敢獨行餓莩盈野慘不忍目其口外各廳亦均亢旱委員踏勘他廳俱未成災惟清郡僻處邊隅田畝俱係山坡一經受旱收成失望而民食維艱矣經前署倅恩承軫念民艱據實詳請賑恤蒙

曾大中丞允準入

奏奉
旨蠲免錢糧開倉賑濟迺清釐常平倉穀先於同治
四五等年奉文碾米運赴甯夏綏遠等處接濟軍
需以致倉儲空虛復請動義倉穀一千二百餘石
先行散放以濟然眉奈杯水車薪不敷甚鉅一面
勸諭商民共捐助米九十二石五斗以資續放並
在本街設粥廠煮粥散給老幼無靠災黎立育嬰

堂以收養無依幼孩練勇巡查以備不虞擇紳董
勸捐助賑防獘賓廣諮訪馭書役等事均屬井井
有條人尤欽其辦公敏捷云爾
光緒四年自春徂夏雨澤愆期皖陽如故閭閻空
乏之益甚饑黎徧地目睹心驚復經恩署倅為民籲
請借撥托廳倉穀四千石以救殘黎旋蒙各
憲批准動撥穀二千七百石由水陸兩路運清以

資接濟並奉
旨蠲賑仍
諭所司撫恤隨選派公正紳董劉萬亨等二十餘人分赴八里各村莊確查先後共計極次貧民大口一萬六千七百五十八名小口七千二百零八名每大口給倉斗穀六升小口二升每日一里八日放竣三次共放穀二千六百一十六石餘剩穀八

十四石零盡數撥入粥廠煮粥散放至由托廳運穀共捐脚費錢八百七十四千餘除水陸運脚錢七百三十七千餘又除練勇經費錢五十二千尚剩錢八十四千餘撥入粥廠育嬰堂兩處煤水之需均係紳董經理並不假手書役經此次賑撫全活甚衆至今感戴

皇仁

四

憲德固不待言而恩倖奉行之力撫綏之恩至今傳誦不休可謂無愧於民之父母者矣所有捐助賑米運脚經費獎敘紳民職銜另録不贅

新修清水河廳志卷之十八

兵氛

易云安不忘危治不忘亂蓋不忘亂則儆懼儆懼則防汎守禦之謀豫焉清郡僻處歸化城西南隅雖非用武必爭之地然濱臨黃河西與秦境毗連實屬塞外門戶正宜思患豫防以固吾圉而綏吾民矣因備列之志兵氛

同治四年陝甘回匪滋擾逼近河干郡之正西黃河向有一十四處私渡處處與陝西接壤乃西來入境要隘回賊屢次窺視意在偷渡廳境戒嚴時廳倅塔思哈督率民勇為固守計先將渡船提歸東岸於高崖峭壁處竪立旗幟以壯軍威晝夜設法堵禦一面禀請

各憲添兵分駐沿河防守賊邊馬數十騎時至窺

探見地險渡斷我境有備兵勇既眾防守甚嚴無隙可乘故爾奔回未能闌入閭郡賴以安堵焉

二

新修清水河廳志卷之十九

物產

王者不貴異物貴用物誠以五穀六畜材木果實之類雖無異產而民生衣食之源在焉清郡屬在荒陬民貧土瘠徵特無異物之可貴即絲枲布帛亦非其地之所產至於菽粟果蔬亦與塞外各屬不甚懸殊似可無庸紀之也雖然一粟一粒胥關

帝力即飛潛動植何莫非
聖澤之所涵濡而長養栽培者乎茲將土產各物分
類具列於後以紀其實云爾志物產

穀之屬

稷別名穄關西謂之糜冀北謂之䵖本處俗呼為
糜子苗穗似蘆五穀之長也
黍苗穗似稷而大實圓重有黃白赤黑四種米皆

黃俗呼黃米李時珍曰稷黍一類二種黏者為黍不黏者為稷今俗呼為黍子

穀即粱也今直名為穀脫殼則為粟米亦曰小米

李時珍曰今之粟在古但呼為粱自漢以後始以穗大而毛長粒粗者為粱穗小而毛短粒細者為粟故唐孟詵本草言人不識粟而近世皆不識粱也有早晚大小及紫白之異種

秫即粱米粟米之黏者可以釀酒
高粱一曰蜀黍以種來自蜀故名俗呼為茭子有
赤白二種又有粳糯之分
麥有大麥小麥二種大麥刈於小暑小麥刈於大
暑俱種於清明節前與關南迥不同焉大麥俗
呼為草麥可為餳合豌豆又可為麯小麥皮薄
多白麪

二

莜麦初伏乃種霜早則易萎有甜有苦有紅黑班
三種莜俗作蕎
油麥葉似小麥而弱粒細而長性耐寒不畏霜播
之寒土則易熟故百畝之田種者十八九不獨
清水一郡為然口外各屬亦無不然即關北各
州縣亦種之最多也且謂食之有力而易飽耐
飢俗呼油為莜者非按莜田吊切音調去聲非

油字音也

菽即豆也其種不一有黃豆綠豆黑豆蚕豆豇豆之類惟豌豆春種夏熟種之極多而扁豆亦然獨用以澄粉俗以豌字書作莞者非按莞沽歡切音官地名又蒲席也又音緩小笑貌非豆也

胡麻種者取其籽以榨油入藥又名巨勝子

菜籽又名黃芥黑芥以粒色辨之隨穀同種花黃

葉亦可食其籽用以榨油入藥又名蕓臺子

華麻俗名大麻子色青而黑用以榨油入藥調印色點燈

麻籽剝其皮可以為繩索其籽用以榨油

蔬之屬

白菜別名曰菘一種莖圓厚微青一種莖扁薄而白葉皆淡青白色

芥菜種類不一取其子為末名辣菜

山藥有圓長二種圓者又名地棃

茴子白又名蓮花白以其形似蓮花也

芹　葱　韭　芫荽一名胡荽又名香菜

蒜味辣生田野而小者曰老鴉蒜生園畦而大者
曰胡蒜又名紫皮蒜

蘿蔔古名蘆服又名萊服有紅白二種白者最大

其籽可以入藥　　莙蓬菜有紅緑二種

胡蘿蔔有赤黄二種　　菠薐菜一名赤根菜

蔓菁一名蕪菁又名諸葛菜根葉皆可食且能久藏蓄之可以禦冬備荒

苛藍又名玉蔓菁俗呼為玉頭又號松根結實大如碗能久藏醃之可以為日用常食之需

茄一名落蘇有圓有長清郡所產多長茄

薺菜俗名麥堰菜　甜巨　苦巨　蘑菇

黃花菜即金針花　豆角　萵巨

灰藋俗名灰條一曰藜

瓜之屬

西瓜五代時郃陽令胡嶠征回紇得此種攜歸故名西瓜有紅黃穰二種綠皮黑子味最甘美

黃瓜有黃青白三種王瓜土瓜也本草言之甚詳

今俗以月令王瓜生即此誤矣

菜瓜有青黃二種亦曰香瓜　甜瓜

南瓜即倭瓜也　番瓜即哈密瓜也

葫蘆有二種青而長有稜者曰西胡蘆白而尖圓者曰藥胡蘆即匏也味苦食之令人暴瀉

果之屬

桃有毛桃大桃二種　李有黃紫二種

杏有甜酸二種其仁亦分甜苦甜者仁可生食

沙果似林檎而小熟則起沙故名即花紅也

林檎似沙果而大色紅氣香

木之屬

松　柏　槐　杆　楊有青白二種

柳有緑柳垂絲柳檉柳杞柳數種

榆　棘多刺叢生即酸棗也

花之屬

玫瑰　葵花即向日葵也　蜀葵　雞冠

石榴花　鳳仙即海納也又名指甲花

六月菊　九月菊　紅蓼花即水紅花也

石竹即瞿麥也又有單葉千葉之異　萱花

金盞花　萬壽菊　茉莉有五色及間色者

金銀花一名忍冬　金蓮花　西番蓮

玉簪　粉團　牽牛花即黑白二丑也

丁香　紫荆　月季花　十樣錦

雁來紅一名老少年又名老來紅又名五色又莧

草之屬

蒿有青蒿白蒿蓬蒿斜蒿臭蒿各種白蒿即茵陳

也可以入藥可以釀酒

龍鬚草其莖可以為箒　蘆葦　苜蓿

七

莎　荻　芧　菸　蒲　馬齒莧
長生蘋其葉蒼翠凌冬不凋惟小廟聖泉内所産
他處所無　萍　藻　野艾　馬蘭

藥之屬

甘草　荆芥　酸棗仁　薄荷　黄耆
遠志　芫花　益母草　枸杞　野蔘
地黄　黄精　車前子　槐角　澤蘭

瞿麥即石竹花苗也　旋覆花即六月菊也　茵陳即白蒿也　黃芩
麻黃　柴胡　防風　知母　艾即野艾
細辛　桔梗　二丑即牽牛花子也　粟殼　大戟
蒺藜　野菊　三棱　地膚子　猪苓
蒲公英　馬兜鈴　大小薊

羽之屬

鴨　雞　班鳩　鷓鴣　鵲　麻雀

燕紫胸聲小者名越燕春社來而秋社去脅班黑而聲大者名胡燕　鴟俗名鴟怪　啄木

雁　鷹　鴿　鷂　鴞俗名訓狐　石雞

烏即慈烏反哺者色純黑　鴉小而腹下白又有紅嘴者　鴛鴦　蝙蝠

鶩即野水鴨也

毛之屬

牛　馬　羸　驢　犬　豕　羊

狼　狐　狸　兎　貓　鼠　蝟

黃羊

鱗之屬

鯉魚每年黃河春氷初泮清明以前漁人設網打之肥美異常惟榆樹灣及上下城灣等處有之他處所無亦不能長年恒有也

鯽魚大者不過二三寸　鯿魚　鰍魚且不能常有也

蟲之屬

九

蜂有蜜蜂土蜂黃蜂數種　蜣螂能轉丸大小不一　螻蟻有大小紅黑數種

蝴蝶　蚊　蝸牛　蚯蚓　白翎即貘子也

蜘蛛有大小數種　蠨蛸即長脚蜘蛛也　土鱉即簸箕蟲　蠅有大小青蒼數種

蜻蜓　蠐螬　蛾　促織　守宮即蛇虎也

樸燈蛾即簸箕蟲之壯者　蝦蟆即蟾蜍也　螽斯即莎雞種類甚多　蟋蟀

螻蟈　叩頭蟲　蟬　蚕　蛇種類不一

蜥蜴形似守宮而常野處行最快　蚰蜒形似蜈蚣而小　百足蟲俗名錢龍

螞蝗即水蛭　螞蚱　蠅虎　臭蟲　蝨

顛倒俗名倒顛子　樗雞一名紅娘子

貨之屬

石炭即煤也有肥煨藍黑各種　木炭　石灰　紅土

白土　青石　沙石　浮石　紅礬

毛頭紙

以麻屑為之清郡所製與關北州縣暨口外各

廳所造大約相同紋理粗糙而無筋骨殊不及
平陽府所産蒲紙之細膩而白也

十一

十一

新修清水河廳志卷之二十

藝文

古者宣化致理必徵文獻而采聲詩雖蠹簡零編殘碑斷碣苟有關於風化必采録而靡遺非徒侈作潤色觀也清河一屬僻處邊陲原係蒙古草地荒陋已甚迨我

熙朝撫有中外始入版圖至乾隆初元乃設官隷事

諸多草創茍簡闕畧是以歷代以前更無文獻可
徵茲將各處碑記凡有關係乎地方者悉照原文
備錄於右其文之雅俗在所弗計也至於今當務
之急無如禁種罌粟一事蓋罌卉荼毒生靈民間
已受其害所幸清郡地土磽瘠種者本屬無多自
奉禁種之諭一經勸導即已淨絕根株第恐日久
懈生小民嗜利忘害復萌故智是在良司牧之善

為補救矣謹將各憲示諭附録於編以備觀覽而
昭勸戒焉志藝文

二

二

與牧令書

一等威毅伯
巡撫山西部院曾國荃 湘鄉人 壬子優貢

晉省迭遭大祲農民十室九空田地蒿萊滿目較之東南久被兵燹者其情形尤為慘酷現雖澍澤普沾秋禾均已補種儻有伏雨接續或以豐熟之秋成提補夏收之歉薄俾子黎藉謀旨蓄而吾輩不患庚呼當亦仁賢所同為企禱者也惟是災祲之始以振貸為大端災祲之餘以撫綏為首政故賑

務莫難於善後而善後莫要於墾荒查山西一省
山多地少本非五穀蕃衍之所雁門迤北則地多
斥鹵歲僅一收太行迤東則岡巒帶土頗鮮平原
其共推爲神皋奧區者亦只太汾平蒲降解數郡土
地平曠天氣稍爲温煦而所屬州邑仍有界在山
陘號稱磽确者是由地勢所迫初非人力可施溯
自軍興以來晋中本無寗歲昔則收成歉薄困於

力役之無時今則大祲迭遭幾於人類之將盡弟
承乏此邦兩載以來雖力為地方請
帑截漕勸捐告貸幾以天下全力赴此一方之急無
如災區過廣為日太甚雖有博濟之心苦無彌綸
之術以故道殣相望民卒流亡古稱市廛闐寂雞
犬罕音者方之今日不是過矣茲幸天心垂愛歲
事稍有轉機若不急圖屯墾至計是已荒之地無

力開闢未荒之地馴至閑曠閭閻必因此而愈窮
荒熟不清主名頃畝不得豁免無案計臣將起而議
其後州縣必因此而愈累且歷時過久詐偽日滋
有因荒難納之糧即有非荒不完之賦
國家額設經賦亦且永無規復之望病國病民莫甚
於此明知事端繁重著手為難然既熟睹民間伸
吟愁嘆情形任其水深火熱而不急圖拯救固吾

人所不忍也因在已村力短絀遂欲遺大投艱於後來之賢但取苟且目前不為大局長治久安之計亦吾人所大懼也為今之計所謂勸墾之要約亦不過數端一曰清荒被災州縣通省十居其八然被災有輕重之殊地方有貧富之別土壤有肥瘠之異所有荒地斷不能犁然一致應各就地方情形責令紳耆公社人等逐村舉報必係地主死

亡逃絕而又非親族里甲人等所願承領者是曰
新荒呈明之後開造花名頃畝糧數清冊將地交
官存案聽候招佃其因愛惜地力種夏而不種秋
今年種而明年不種不得藉此牽混至若水冲沙
壓石積鹻廢賠糧之地非累在里甲即累在州縣
實不關於此次旱災是曰老荒亦應由地方官責
令紳耆人等查明具報别為一冊辦理不得混入

新荒之内以清界限至若地雖有主無力墾作若等之為新荒令其交地入官棄其本業固有不可若等之為熟地仍令納糧當差以重困瘡痍之民亦所難行亦應由地方於查明後別為一册辦理此清荒之說也一曰恤荒之地區分三等既已查悉清楚即應代乞

恩施俾得息民之力盡地之利如老荒之地所有向

來賠糧應由弟處彙案入
告永遠豁免所有向來差攤即由各州縣出示扣除
毋令寬攤滋累其新荒絶户無主之地概行停徵
四年有主無力之地概行停徵三年用示休息而
廣招徠此恤荒之説也一曰勸荒農民以耕作為
世業藉收穫為衣食斷無蕪穢其田疇荒而不治
之理所以忍而閑曠者蓋以饑饉餘生無力營幹

六

當其啼饑之始或以先貨其車牛繼且鬻其農具及腰鐮耒耜一文之可值者無不悉索以供其一飽今雖性命僅存而向之得一錢而棄者刻則費百錢千錢而猶不讐故不得不坐受困累若再不為之所所慮老者終為溝壑之塡壯者仍作逃亡之續竭此兩年心力而令生存之民終不免於宛轉待死則晋之為晋此後尚堪問乎昨於司庫暨

河東道庫共提銀貳拾萬兩派員分赴陝豫及口外地方採買耕牛限於七月內運到俾得趕種宿麥此牛到後每頭約以十千出售廉中人之力猶可免企所得之價即以散給有人有地無力耕作因而荒廢之户使之自謀農具籽種得以盡力隴畝弗至毫無憑藉應俟查明後即以此意出示曉諭毋任胥濫儻所買牛隻不敷再當籌款續買以

化一為兩之錢行還定安集之政此　勸荒之説也
一曰招荒晋省人民業農者少逐末者多此次大
祲災重者農民或傷及七八或傷及五六輕者亦
傷及三四再隰吉嵐岢臨永浮岳等州縣向來地
畝多由棚民墾作被災以後亦有越河赴陝者亦
有逃歸本籍者此項地糧能否胥歸有著斷難一
律如其無著豁免三年之糧俾得稍沾餘潤代謀

牛隻農具使之得所經營果可招之使徠乎如往者難復似此辦理能令遠方之民聞風歆羨乎抑平原曠衍易於復業岡巒磽确更有所難乎或舍弟現籌之外別有招徠切劑乎就數者之中以此層為最切就所辦之法以此層為最難身任地方責無旁貸務須逐條推究確定辦法或者生機日闢此後民間得以自通有無而返本業十年生聚

十年教訓二十年以後元氣可以稍復乎至於未
經歸併於地缺額之丁應令地方官設法歸併儻
難全歸或實在地土瘠薄不堪歸併累民亦須切
實查詢詳請
奏豁特不可一味市恩要譽置
國計於弗恤耳通省倉儲告竭水旱難保必無故還
倉一事刻亦急欲舉辦應請將各屬額設若干動

用若干現在有無存穀開摺呈送以便通盤籌計
酌定歸被成數用戒不虞傜役一事晋民受累已
深現在皮骨僅存何忍更以無名供應腹其膏血
應請各就地方情形熟覯定計如弊之在吏役者
差票是也弊之在紳董者浮報捏報是也弊之在
甲里者浮收浮攤仍行挪用久而興訟是也弊之
在差門者勾串勒折朦官分肥是也弊之在驛站者

借車借馬差信文移是也總斯數弊實在於官無絲毫之利而豈豈者且受害無窮靡所控訴迨刁生劣監從中煽惑於是而有京控之案於是而有聚衆之案拖延日久訟費愈煩良者日累强者日刁吏治不綱大率由此務請勤求其隱祛其泰甚亦大祲之後休養生息之一要也縷縷奉布以當

質言

十

禁種罌粟四字諭

恪靖侯大學士陝甘總督　左宗棠

諭爾農民勿種罌粟外海奸謀壞我華俗藉言療病實以縱慾吁我華民甘彼酖毒廣土南土吸食不足蔓延秦晉施於隴蜀土敞不長禁必肥沃惡卉繁滋廢我嘉穀紅花白花間以紫緑劙果取漿兼金一束歆枕然燈俾夜作晝可以無眠可食無肉盎可無糧棧可無豆惟腥是聞惟臭是逐農輟

耒耜士休卷軸工商遊嬉男婦瑟糹小販零沽蜷 十一
聚破屋家敗人亡財傾命促亂後年荒民生愈蹙
俵賑督耕散種給犢移粟移民役車接轂言念時
艱有淚含目勉掺顆粒聊實爾腹爾不謀長自求
饘粥乃求惡卉奸利是鶩我行其野異華芬郁五
穀美種仍憂不熟自夏徂秋品物滋育黍粱穈穀
瓜麻棗菽亦越生菜家常野蔌葱韭葵莧菘芥萊

菔宜食宜飼如彼苜蓿鉏種壅漑饔飧可續胡此不勤而忘旨蓄饑與饉臻天靳爾祿大命曷延生衆曷卜尚耽鴉片槁死荒谷乃如之人甯可赦宥自今以往是用大告罌粟拔除禍根永劃張示郵亭刋發村塾起死肉骨匪詛伊祝聽我藐藐則有大戮發言成韻其曰可讀

十二

前工部右堂閻
山西爵部院曾嚴禁罌粟四字告示

三晉奇荒　苦少黍稷　固屬天災　亦由人力
罌粟徧野　煙癮滿牀　二十年來　元氣大傷
種者害人　喫者害己　誤爾一生　伊於胡底
始就宴樂　後鬻妻子　若不悔悟　禍必至此
地有肥磽　功有惰勤　六穀嘉種　櫛比如雲
非種必鋤　古有明文　爾祖爾父　不喫不種

壽考康甯　人人傳誦　及爾之身　貽前人羞
學喫洋煙　萬事皆休　種煙數年　利果何在
大旱鑠金　流亡何罪　初曰得計　其計已敗
得悔無追　命同草芥　爲爾說法　及早回頭
多種六穀　斯為遠謨　耕三餘一　耕九餘三
下哺孤兒　上奉旨甘　家之孝子　國之良民
風純俗美　同享承平　儻或再種　國法難容

一經查出　地畝充公　言出法隨　諭爾三農

父戒其子　兄勉其弟　從前陋習　一空如洗

聖訓森嚴　有犯必懲　願爾士民　壽域同登

十四

禁種罌粟告示

山西巡撫張之洞癸亥探花

照得山西二十年來煙土日多糧食日少占地妨

農上干

天怒光緒三四等年猝遇奇荒餓莩無算被禍之慘如

此自當疾首痛心引為前車之鑒乃年來種植此

物者仍復不少不過因獲利較厚是以始終執迷

此亦如酖酒止渴漏脯救饑雖一時醉飽而死亡

隨之實屬愚昧可閔加以種者愈多吸者愈衆士
農工商因此戕生失業大率尫瘠藍縷貧病交攻
將來生計日蹙户口日耗十年以後豈堪設想總
由地方官全無憂民之心坐視不救甚至私收畝
稅因以為利以致毒燄日熾
朝廷禁令視為具文可痛可恨本部院有撫綏之責
豈忍坐視饑溺畏難不辦現今奏明奉

十五

旨嚴行申禁除將官員士子兵勇溺於吸烟者嚴查
懲戒外合行剴切示禁為此示諭一應地户凡有
地畝者乘此尚未播種之時早為改計一律種植
五穀蔬果桑棉一切有用之物不準再種罌粟一
莖儻敢故違責成鄉保社首據實禀官概行拔毀
照例懲辦決不姑息如鄉社徇隱不報書差得錢
包庇紳富訟棍抗違煽惑者從重治罪地方官私

收畝稅及查禁不力者嚴叅不貸本部院意在救
良民之生不惜歛莠民之怨懔之勿悔特示

十六

禁種罌粟告示

照得罌粟之害戕生破家蠱人敗俗譬之造毒藥以迷人設陷穽以害物爾等試思此種罪孽不特
王
法所難宥亦天理所難容晉省栽種罌粟自
前撫憲鮑　曾經嚴飭禁種後因防務緊急歷任
上司不暇顧及此事故各處得以偷種無忌爾等趨利忘害怙惡不悛以致上干

天怒釀成浩刧丁丑戊寅之年荒疫並作人死無數災
禍之酷千古罕有區區孑遺幸逃刧外若再不思
痛悔前非以冀挽回
天譴此後胡堪設想今
撫憲張　奉
天子之命蒞治晉邦昔歲下車伊始即議嚴禁罌粟
盡絕根株特以不教而誅心有不忍去年以來屢

飭各屬地方官設法禁止現復頒發示諭苦勸吾
民可謂三令五申仁至義盡
大憲之告誡諄諄如此爾等再或置若罔聞試各
捫心天良安在此即予以嚴刑亦不足惜
撫憲現在勵精圖治愛民甚切而執法甚嚴事事
言出必行毫無含糊凡玩法之屬員為非之莠民
從來不少寬假皆吾民等所目睹耳聞者何况此

乃違
旨犯禁之事若地方官不肯查禁拔毀豈有不將道
府州縣嚴叅之理地方官既被叅劾豈肯代爾等
區區小民受過自無不將鄉保地户嚴辦之理必
俟刑法加身田產籍没悔之晚矣本署司從前服
官晋省州縣二十餘年歷任壽陽介休鳳臺陽曲
忻州河東監掣驪等廳州縣此外出差奉委蹤跡

十八

幾遍通省與吾民等相親相習有如家人父子真覺痛癢相關回憶道光年間各處並無種罌粟之事其時山西通省人煙稠密處處殷實富家固然豐足即小户亦俱飽煖自給寬綽從容氣象何等繁盛今此次來晋但見村落蕭條家家拮据惟聞某縣種煙數百頃某縣銷煙數百馱某鎮吸烟者有數百家某村有吸煙者數百人種烟愈多銷煙

愈廣山西之窮困愈甚爾等試細加思維利益安
在本署司覩此情形實覺慘然不樂深憐吾民之
苦深憫吾民之愚且當此
功令嚴切之時更不忍坐視其纍纍罹罪且晉省天
氣旱寒工貴地瘠儻或偷下毒種一經拔毀補植
禾粟必致失時為此旱為剴切曉諭爾等其各仰
體

撫憲及本署司一片苦衷激發天良痛自改悔無
論山僻大道一律鏟除惡卉遍種嘉禾絕害人之
毒蠱回積怒之
天心共登仁壽各保身家此則本署司所厚望何快
如之若必執迷不悟本署司惟有嚴飭州縣并委
員密查照例拔毀懲辦亦必不能廢法姑容也其
各懍遵毋違切切特示

禁種罌粟告示

照得罌粟之流毒迷人害已敗俗破家歷年示諭禁止亦已舌敝唇焦爾民等具有知覺奚獨不知罌粟為害人之物特以惑於其利冒禁犯法偷行栽種現當大劫而後猶不翻然改悔執迷不返可恨可悲今

撫憲張　自蒞晉以來無日不以休養斯民為念

為爾民等蠲緩錢糧裁減徭役正界清賦開路通
商凡可以利賴爾民者無不籌畫周至不遺餘力
若罌粟果為爾民之利或多利而害少
撫憲念切民依亦豈肯奪爾之利而嚴行禁止蓋
嘗為爾民通盤計算不特此中之利害懸殊并為
爾民貧富生死關頭所繫爾民試思一家栽植罌
粟數畝數十畝其一歲之利不過多獲數千數十

千耳而家中男婦大小就便吸食成癮懶惰廢業朝夕耗費中人之產已損過半矣如貧者食此費從何出到窘極時非為匪為竊即坐以待斃況士農工商各有正業若徒日飽烟具顛倒昏迷更何有真實精神能作正業甚有肩挑貿易小本營生利未覓乎蠅頭費已耗乎烟館無一非烟之一字誤之也何其愚哉利有限而害無窮較然衆著晋

省當道光以前未種罌粟富甲於天下自種罌粟以後日窮一日至丁丑戊寅之歲一遭荒旱室如罄懸束手待斃兼以天降之疫死亡相枕廬井蕭條為千古罕聞罕見之變其禍皆由於栽種罌粟此非爾民之貧富生死關頭乎

撫憲示諭中所謂酖酒止渴漏脯救饑言之悲痛激切不啻夢裏鐘聲頭前棒喝爾民等如有天良

心非木石仰蒙
大府誥誡殷殷至三至再如再不知省悟甘蹈冥
頑其怙惡不悛固屬法所難宥即爾民等自思清
夜於心亦復何安本兼署司在晉十有餘年目擊
變故深憫爾民之沉痼莫返生機憔悴而當此
功令森嚴之日更不忍坐視爾民之桁楊相望除嚴
飭各地方官實力查禁外合亟申言示禁為此諭

仰通省軍民人等知悉自示之後務各回心革慮將己種冬烟春苗一律翻植嘉禾不准再留寸枝片葉流毒冀彊無論孔道山區盡絕惡卉以期仰答

憲仁共登郅治儻再玩忽偷種本兼署司職總刑

憲執法是懲決不姑貸其各懍遵毋違特示

二十三

四公主德政碑記

葢聞普天之下莫非王土率土之濱莫非王臣遐
邇咸遵聲教中外共戴堯天惟草地較遠恐難近
天子之地荒服非近尤當沐聖人之化欽惟我
公主四千歲至德誠民深仁育物太和翔洽兆人
遊熙皋之天者三十餘年自開墾以來凡我農人
踴躍爭趨者紛紛然不可勝數兼之累年豐收萬

民樂業共享昇平雖彼天之顥栗實公主之威德所感也且我公主留心民膜着意農桑其立心也公其立政也明其立法也猛且寬恩澤普及萬姓真乃堯天舜日近光者共戴深仁逖聽者咸仰厚澤是有力於社稷生民也蟻忱之感佩必真彌隆之大德難忘區區蝌蚪安能頌夫治平渺渺片石聊申輿情於萬一耳故曰莫為之頌雖美弗彰莫

為之後雖休弗果於是傳之父老勒之箴石庶
幾恩與天地而並久澤共日月以俱長矣是為之
記旹
雍正五年仲吕月初旬二日立

黃公諱忠仁德碑記

蓋聞人生斯世貴賤賢愚不等即如我黃公大人諱曰忠貴而且賢自幼侍奉公主四千歲克勤克儉舉動温雅雖未讀聖賢之書頗能達周公之禮是以老王皇上欽賜頭等侍衛位極高矣品極隆矣貴不可言矣責委經理草地牛犋自公下車以來風調雨順國泰民安大有豐年應天順人萬民無不

瞻賴福德我公賢同堯舜德並文武首重農桑念切民膜不歛民財不愛民物大德無私寬以待民撫民亦如赤子即如種地窮民春無食者公即與粟食之無牛者即與耕之迨至秋畢牛無租而粟無利所以四方窮民聞風而求食者紛紛然不可勝數也名聞四海德播九州公今經理牛犋已經數載以德服人未嘗絲毫有損於民雖三尺之童莫

不須感我等地户感恩無地雖夷狄之人教化咸服公則仁德動乎天地恩澤加於萬姓如是上天感應賜生貴子諱曰天保幼而敏入則事親盡孝出則待民以禮凡事所行所為無改父道如此仁德後必作國家棟樑實我公盛德之所感也今各地户感公父子恩德無由可報於是一屬牛犋父老人等共立片石以垂千載萬世不朽云爾時

雍正五年

賜進士出身吏部左侍郎李旭升譔

重修清水河神廟碑記

閒嘗游塞外北七十里許見夫山色秀麗樹木蔭
麗雨峯迴合間有
水神廟存焉殿內出甘泉居民皆就養於斯詢其創
由乃前任清河府尊德公禱雨處雨既足於是建
廟妥神以為報享之地此德公與民同憂樂之盛
治也嗣後里人獻戲會舉遂成規焉越今數十年

廟宇幾於傾頹是歲秋隣近居民嫌其狹隘公議
增修或出己貲或募隣封不兩月而工告竣府尊
赫
常二公樂其舉各捐俸以助成之秋末而廟貌崔
巍神像輝艷以視昔日之廟大增宏廠矣鄉人士
欲勒石以垂後屬余為文余思其地古獵犹處胡
為而集衆旅如是胡為而官府故神如是胡為而
天造其境地肖其靈有如是要亦我

朝
聖帝懷柔徧洽有道之氣運所積而徵也歟則何以
得此勝地成此盛舉今人安居樂業受養於無窮
也乎余筆硯久荒愧不能文惟即其所見聞者出
巔末以為記旹
乾隆十八年仲吕既望

小廟村建修戲樓碑記

樓以樂名演古也實報功也有聖像而無祠宇則神聖曷安妥建立祠宇而無報賽之樓明禋奏假之誠意何所伸余思莫為之前雖美弗彰莫為之後雖盛弗傳詢聞其創建之由乃清水府常德赫公因禱雨既足時建廟宇前越十餘年諸社長檀那接踵增華捐貲營建戲樓於其後然是樓修建之始

抑亦爰卜其龜而其繩則直乎工匠人亦曾捄之
陾陾度之薨薨築之登登而削屢馮馮乎仰瞻其
台址面山帶水迺宣迺畝規模雖非大觀亦北地
廟貌勝境之一助云余雖不才聊竭短引之言以
誌之旹
龍飛乾隆二十八年歲在癸未季夏立

關帝廟碑記

至大莫如乾坤至明無過日月聖人挺生人極以立敬惟關帝烈著漢朝浩氣凌霄遍九州而威震丹忱貫日冠三國以名高是以先儒有贊曰乾坤正氣日月同光至矣哉信然也夫神威黙相之靈為歷代所尊崇彰德報功之典惟我

朝而特盛且使普天率土無賢無愚莫不仰慕忠誠

各展虔敬誠欽聖帝正氣丹忱顯靈宇宙精忠大義垂範千秋實亘古之一人也我清郡之聖帝廟建立已久香火不絶但門墻不倫廊廡未完兼之風雨剥落日漸傾圮未足以展誠敬之私郡伯薩公見而慨歎謀復鼎新然工浩繁點金乏術爰商會首任持募化經營好義商農慨然樂輸於是庀材鳩工共興勝舉工未竣而薩公作古瓦木之工

為費不貲迨郡侯富公下車捐俸經理由是而繁
工告成清郡商農仰瞻聖像之威嚴殿宇之壯麗
與夫廊廡之清幽垣墻之整齊無不欣然拜舞即
茲厥功告竣無非神靈之默佑也從此清郡蒼生
永荷嘉庥益昭美報矣用泐諸石以垂不朽江南
江甯府監生方崑譔
乾隆三十七年仲秋立

新建八蜡廟碑記

閲嘗曠覽載籍詩垂蟊賊之成書重祭蜡之文蓋以和風甘雨能助我三農而草蟲阜螽實害我五穀故國家既設龍王神祠即修八蜡廟宇誠重農之至意而不可或緩者也我清水河一帶地方綿遠三百里計户數萬家而顧我稼穡雖云與與翼翼皆為百蟲所侵乾隆十八年螞蚱作祟食彼禾

田甚至不留一葉一穗此皆事神之典未盡故福人之功弗普也予蒞任斯土愧無碩德及民而羣黎百姓頗存一點婆心於朱家山建修水神廟以廣井養之意於清水河建修八蜡廟以輔重農之心捐俸百五十金費不敢惜也興工數月勞不敢辭也蟊賊之戒不敢忘也祭蜡之文不敢忽也行將三農致慶五穀咸登共沾神功於無既矣彼要

要草蟲趯趯阜螽又何至無端作祟哉

龍飛乾隆歲次甲申季夏原任清水河管理蒙古

民事通判廾任户部員外郎伊寶撰

關聖帝君香火暨住持養贍地畝碑記

蓋聞心經有云色即是空空即是色無色非空無空非色覷破太空境界七尺昂藏早附諸消歸烏有何有於物何有於物之修短然太上立德其次立功其次立言儒者事業學佛人每每竊效一二亘古然矣即如性音禪師幼從吾徧關至兹住持關帝廟至今十有餘年積粒累黍置有香火養贍

地畝性音又恐久而或廢囑余一記以昭來許余以是舉也語以自來自去毫無罣碍正為有待以視夫剥融廟項濟惡行私則已胥壞矣況地有着落香火養贍永賴其於聖廟亦頗有裨益余是以忘其固陋而為之記

乾隆四十五年孟冬中浣偏關縣學廪生高皓撰

明公禁止借用馬匹告示公諱安泰

照得本府蒞任之時因聞此地應差馬匹皆由差役轉向鋪户借用誠恐苦樂不均或假公濟私是以諭令鋪户自行輪應以期平允今思此地差使無多用馬甚少準用價僱覔免得商民受累合亟示禁為此仰各缸碾房併胥役人等知悉嗣後如有差務需用馬匹即自行備辦或出價僱用毋得仍舊

告借致干咎處不貸各宜凛遵毋違特示

嘉慶三年八月立

三十六

重修大廟樂樓碑記

竊以神力廣大廟貌宜與時而勤備龍光普照殿宇必藉人以增飾蓋神靈之有感也既已窓開石洞祥雲而福蔭之無私也亦且借山城作化雨因時而獻戲需賴樂樓以排優不益亟亟哉如我清廳大廟龍神祠創建於康熙五十八年黃忠開墾之時重修於乾隆四十年孟夏云昙廟也位坎面

離河水瀠帶群山糾紛諸村照曜廟門通衢岀雲降雨聲靈赫濯凡有祈禱罔不靈應是以陳牲設供酬神獻戲端賴樂樓適於排優之期郡侯蘇公行香見無樂樓情切修葺當諭郝玉會同商民糾首募化興修由是念神力之廣大揆工程之浩繁四集農人各處商民均捐貲囊大與土木次第增修共襄盛事鳩工庀材閱數月而工程告竣丹雘

峻宇不旋踵而樂樓壯觀非特清廳之觀瞻煥然聿新亦且萬姓之福祉綿於有永矣第創建已久廟貌易時而侵圮多歷年所樓臺逾久而崩頹且施財善士須於此湮没矣本廟住持妙衆情切監碑爰於昨歲孟冬請石工傒皇仲鑿石磨碑鐫字書姓勒碑刻銘以俟后之君子有心同志者接續增德以誌不朽云爾是為序

乾隆四十六年秋七月立

三十八

重修財神廟藥王殿碑記

古聖王之制祀典也功利於民則祀之德被於世則祀之財神為金玉主聚寶貨掌財源

朝廷慶康民物阜之盛草野樂生植不窮之休惟神最靈功利甚大載在祀典由來久矣至若藥之神施靈丹以濟世運妙餌以活人誠哉仁術昭彰千古允矣大德廣被羣生其與賜神之默錫人福靈

三十九

感相為遥映也財神廟貌宜乎無地不整齊無時
不輝煌而不容稍有缺畧清水河古外夷地也
我
朝廷定鼎以來中正一統始設官建祠安商置農夷
也而復華矣援攷財神廟藥王殿創建之初始於乾隆十
有五年本街商民感神靈之祐苦基址之維艱因
於三官大帝正殿之東西建葢祠宇規模雖不宏

壯庶幾瞻拜有由可以昭事告虔焉迄今三十餘年垣圍金碧不無殘缺郡侯舒公祖蒞任茲土治民為急而事神尤敬一至廟廷不禁愀然動念曰邑無神何主神無廟何依然有其祀之而規為不整甚非所以妥神靈也慨然以重修為己任輒捐貲財鋪戶之忠厚誠實者使襄其事而董其役糾首踴躍承趨任持虔心募化其於舊者新之缺者

增之湫隘者恢擴之補葺正殿崇其舊制建蓋廊廡壯其莊嚴設立鐘皷二樓麗其觀瞻廟之大門卑隘不稱購買地基高其戶牖以廣寺院於是修舉一倡闔屬響應爭助貲財人以悅來工以心競雕樑畫棟革飛輝映越數月而厥成告竣殿廡門坊煥然一新視之昔日大有加焉於戲以數十年之殘缺損敝一旦從而新之整而齊之舒公祖之

成民而致力於神者可謂至矣盡矣商農士人之敬尊神明寗有加與周書有曰皇天無親惟德是輔又曰黍稷非馨明德惟馨盡其修為於此聽其助順於彼吾知冥漠之中神必以福錫之矣栽培傾覆理固然也用是勒之於石以垂不朽使後之人知廟之所由重修而戴舒公祖之德於勿替也是為誌

乾隆五十二年冬月偏關縣學廪生喬作柱撰

四十一

南溝村建廟塑神碑記

夫鬼神者二氣之良能人物者天地之靈化而神賴人享人仗神庇古人建廟祈福良有以也我冀立祠敬神豈徒然哉即今生逢盛世化及不毛商農雲集清河鬼神澤加紫塞我南溝村山峻村荒地窄民稀然風純俗美人安畜壯賴鬼神之德者人矣於是糾首一十二家建合衆善捐貲建廟塑

觀音大士水草神祇牛王威儀馬明聖像洋洋乎
如在其上如在其左右人神相依鬼物相賴不亦
康乎至於苦海慈航之渡澤水饒蒭之庇牛祿其
壯馬佑其胞則神明之靈應豈在此而止乎修斯
廟則衆善有祈禱之所塑其像則諸神有來格之
安感矣乾坤之大山河庸無過鬼神之情能人物
之動運神賴人享人仗神庇豈其然乎 撰之無文

紀之俗筆

乾隆歲次癸巳季夏嵂縣附生龔潛龍撰

四十三

伊公清奬碑公諱克坦布

蓋聞召伯遺愛甘棠留去後之思公施再來之想非深仁厚澤入人者深其能永思不忘乎如我清河祥明愷惻伊大老爺誠有彷於四野二公者清河土曠種地民户不一有民地有蒙地每逢凶年出放倉穀種民地者均沾恩惠種蒙地者從未領借本年奉部出放收管蒙差催傳兵花户人等一

體沾恩使種蒙地者人民均被餘澤是太天之仁
慈雖無分異類而民蒙之風俗實有不同若並使
遷流無定之户與祖基幾世之人同領共借其中
自有利弊之分由是蒙地人民均被恩及賠累之
苦同具懇禀恩蒙太天洞察羣情準免領借經理
在案不使得一時之利而永割千萬年之弊恩至
大也澤甚長也種蒙地者人人被德村村沐恩爰

是歡聲載道欲植甘棠於清地豎羊碑於河區用

誌遺慕以垂不朽

嘉慶八年七月立

關帝廟碑

環清皆山也其永安之北翠屏疊幅緑樹重陰望之巋峩而特立者吾郡之關帝廟也考其剏建之始殆寥寥數楹而已厥後屢與修葺數十年來廊廡鐘皷樂樓等絡繹而起固稱堂堂巨觀矣然而追王追帝殊覺殿宇之孤縈曰祀曰禋尤嗟堂陛之淺猝目之者以為外若可觀而内頗蕭索是又

我商民之一大抱憾也越癸亥春我衆目擊心感
而寺僧海泗適有同心集議增修靡不踴躍從焉
爰是郡侯伊公巡廳汪公城守何公各捐己俸贊
成其事諸董事量力輸助共募壹千貳百餘金鳩
工庀材新建東西輔殿六楹張兩翼於左右正殿
接簷屋一楹構大厦於中庭雕樑畫棟鳥革翬飛
不數月而落成焉閱嘗謁其廟覩其盛見曩之卑

狹者屹然而崢嶸矣曩之孤立者峙然而並樹矣

曩之闇淡者煥然而一新矣雖不敢與名區勝境

琳宫梵宇之祠傑閣層樓之觀媲美並盛而以吾

郡蕞爾衡之豈不足以崇祀典而壯觀瞻哉余謂

此一舉也繼前人未遂之志啟後人興感之忱洵

足以竭虔妥靈而昭貺於無窮矣若夫酬功報德

歲時祭享凡我神祇克有裨於國計民生者或亦

可以托地而求因事而祝耶是所謂不識不知順
帝之則者固不必以地限也是為序
嘉慶十年六月吉日立

韭菜莊窩重修關帝廟碑記

伏以聖德巍巍感應每提於影響神功蕩蕩厚施必報於良善惟我韭菜莊窩舊有關聖帝君廟由來久矣至正位於山原覽筆削於春秋聖武神謀植名教而常新驅邪伏魅保此境以安康其威靈之感格昭昭不爽矣而且東境接乎邊境西與界乎清河致大路之觀瞻為人民之俯視有不思補

葺乎况歷代以來累次加其封號處處增其光華降至彈丸微區不忘此舉矧兹人烟輻輳之鄉農工雜處商賈咸集豈敢坐視而不壯我觀瞻也耶是以各行公議選糾首等因其素跡欲易舊而圖新度其工料捐衆資以成美凡殿宇神棚樂樓山門以及内外墻垣從新補葺采畫雕刻又造禪室三間以備齋茶第工程浩大微邑獨力難募化四

方善士各捐資財共襄盛事計其所費三百餘金庶幾工程竣而殿宇輝禪室潔而地有靈則神明得妥侑人民樂其安享堂堂正大穆穆風規何莫非衆善施財之功德矣敢竭鄙誠恭疏短引衆姓施財勒石於後以誌不朽云平魯縣學生員梁榮撰

嘉慶庚午年四月立

四十九

重修五道廟碑記

大凡前人有所剏造而不垂之於後後人莫得而稽之後人有所作而不垂之於後則後之後人亦無由考其實也我清河五神祠不知剏自何年廟宇湫隘墻垣俱無前近市井神氣不包左通大路聖地擾亂兼之歷年已久鮮修廢補塑之功雀巢鼠穴像教塵封廢瓦頽壁塵壓不勝拂祭拜之所傾

壞狹小甚非所以妥神靈而肅瞻拜也凡我商民
皆欲增其舊制於二十二年春一倡百和捐資重
修固基址而殿宇不摇起垣墻而神院淨潔宏廟
貌而俎豆有荐金聖像而誠無不享向之黯淡者
今且焕然矣今勒石以垂不朽誌芳名以善勸善
嘉慶二十三年歲次戊寅季秋月立

五十

聖水烏龍寺移廟重修碑記

嘗謂吾鄉之屬有一古刹聞先民有言覩鐘文記字為烏龍聖水之靈背名山而傍清流依樹木而環溝匝赫赫勝地道路傳聞祭天禱雨有感則靈迄今多歷年所屢舉補葺不意天雨浩大河水泛溢樓禪殿壓盡皆頹隳往來信士莫不觸目而神傷焉夫失居河西當還河東仍建

五十一

關帝聖水龍神三廟左右鐘樓禪室既不若革故更新之便又非同因陋就簡之模維南有臺如鳥斯革維北有殿如翬斯飛道外市曹之屬即不白眼深觀實難逃在個者睨視其間嗚呼此功之成一木一椽必藉檀那之力寸甍寸瓦無非善士之金公道難掩乎當前芳名不没於後世功德已表碑右諱姓乃註碑左台甫理宜並書而其地無多

以格為齊其中好事者一覽自明也
嘉慶二十四年夏六月敬立

清郡東西二閣碑誌

粤稽聖王建觀立祠蓋為崇典禮而肅瞻拜利生
民而保安寧原以啟一方之興盛而邀聖恩之賜福
也清河雖屬邊外地臨古城茲建斯閣大有裨於一
郡西閣內向東塑觀音大士普濟羣黎有救八難之
恩真武大帝金科玉律能鎮諸邪之惡而使萬載香
火永垂聖蹟於不替者也自有此舉樹一標於門外

而助費者雲集遂鳩工庀材煥然一新跡此往前宏
敞壯麗真塞外之奇構中外之福庇也剏斯創建繼
前人未遂之意啟後人興感之忱洵足以妥神靈而
興地勢諸神呵護聚氣藏風清𨺚豈不盛歟是以勒
之瑱珉以垂不朽云是為誌
道光十年歲次庚寅桂月立

清郡新建東西二閣碑

嘗思禮不必盡循其舊求之義而合揆之心而安者皆可舉也斯人之生謀奠安敦文教卓哉煌煌誠一時之大觀矣清河之為郡於塞外也前對平山後倚大阜清流西達人烟雜集古稱三晋之地襟山帶河清河其三晋之小像歟顧目覩被澤而忘所祀日涉翰墨而昧所尊豈人心所安哉且論者謂清河地勢

南北高峻而含蓄東西垣直而耗露增其式廓氣始聚焉都人士原建二閣於通衢之東西西閣另泐並詳編紀東閣之上塑文昌河伯二像於樓閣之中稱邑人尊祀之忱高瞻遠矚藩障四圍大有方城之概也此其有補於風水之可見者至於洪波安瀾人文毓起惟在神之默佑也歟下民罔覺亦惟是求之義而合揆之心而安焉斯已耳

文郡侯遺愛碑記

嘗謂承猷宣化莫大於行仁而發政施仁莫先於

革弊蓋實弊革而民害除斯民利興矣淸河自任

土定賦以來上勤撫字民樂輸將貢賦之間洵無

弊之可言而

高宗純皇帝軫念民艱恐轉運之未便易賦米為徭銀

爰是税斂有式而閭閻享樂利之休億兆勤公而

胥吏無催科之擾更無弊之可言無如土壤以積
年而漸薄嗣後竟多不可耕之區且更有等不法
衿商互相黨惡假公漁利私設銀號包収傜銀由是
國帑不向經管房分交納乃由銀號而入而其所入之
數浮於額數者甚多是以民受其虐莫可申訴罄
一家之脂膏肥彼囊橐竭終年之拮据弗免饑寒
甚且逋遁徵求而田園荒蕪棄室家而妻子離散者

比比而然夫人之既亡糧將焉出其害可勝言哉

恭維前署任德大老爺備悉民艱嚴究銀號等衆飭令勿得再立銀號開者按律究治但未及告示通衢旋即回任民是以有其事不終之憾乃清民三生有幸後署文大老爺仁心為質克成前烈下車之餘翻閱前案隨即發示居民命錢銀由房中交納自封投櫃而銀號之害自是始除民間之利

自是可興矣行見異日者民姓繁民氣樂風同道一比户可封何莫非仁天媲美前徽痛革獘政之所賜也所謂承猷宣化發政施仁者又曷有加於此哉昔鮮于布德號一路福星司馬行仁為萬家之生佛吾民此遇亦宜感福星供生佛矣故鐫諸石以誌甘棠之遺愛云旹

道光十二年仲夏下浣偏關縣學廪生温向融撰

創修護庄溝碑記

蓋聞仍舊貫者易於更新，創大工者不惜小費。今我韭菜庄商賈農民坐落於坎離向者衆多，奈震巽地勢高昂，遇沛澤而山水漳溢，坤兑收水溝深由村過而人民驚恐。其在嘉慶年間溝深數十丈，距村十餘里，溝深雖云可畏，地遠人心尚安。及至道光歲月，水勢浩潑，平地盡皆崩頽，逼臨村庄街衢幾於傾覆棲此土者綢繆未雨比屋眉愁手足胼胝莫濟其害爰於己丑暮春陳璵等同伴不惜己資以倡於前更冀蒸人共勷於後價買何兆瀛傍溝地二畝半界石於旁而護庄溝之基始有為是年大工一舉百人踴躍不辭拮据之苦千金樂輸初無吝惜之意一唱百和穰穰爭先謂非人和而何始而掘土成溝原無獲石之妄想繼而基底

出石真有神助之奇功取大用小磊磊足備非乘
地利而何舉工日久不沾風雨之瀑烈拖延數月
不遭山水之汜濫工完水至叶叶罄宜非得天時
而何由是推之天時地利人和三者兼有而護庄
溝之功乃成焉計費八百餘金掘高山為龍溝溝
水有著填舊溝為平道道溝以通欣喜墻垣鞏固
步履無憂要皆賴不即不離協得石底力能逺其

害於億萬斯年也此溝之築可不命工勒石以告
來者哉余是以不顧淺率畧序其事非敢鳴施財
勞力之苦衷正有感神祇靈佑之恩澤焉因始名
之曰護庄溝云爾太原府榆次縣儒學廩生負德
宏撰
道光十二年孟秋立

歸綏道瑞大人德政碑記

嘗聞為政治民固以革弊為先終以守成為要自
我清定鼎以來視萬姓皆赤子視中國猶一人憂
國憂民大德如天然於裕國通商之政更為祥察
務期盡善以歸化一使天下謹守成法為萬世不
易之規也今我清廳各鋪商民自開立以來凡南
來商貨已由殺虎口上稅發到本鋪售賣者例不

五十九

重徵歷年已久毫無更變乾隆四十一年前撫憲
覺羅巴因商民將口外土産運往口裡販賣者多
有繞路躲避歸化城之稅因而奏
聞請
旨定奪奉
旨遴派大臣協同藩憲請詣歸化城等處五廳地方
勘驗情形於東白塔兒新店子兩處設立巡役人

等稽察北來繞路貨物實與南來已稅之貨無涉隨即刊立木板出示曉諭俾商民俱各週知至南來商貨已由殺虎口上稅到歸化城入柵時例不重徵夫入柵且不重徵其不入柵者更可知矣奚於道光七年巡稅人役將南來之貨物攔阻在新店子聲稱富道臺起例重徵於八年商民郭恩壯等赴藩憲轅下投具鳴情否準未決而富道臺於

九年親詣清廳刑逼重徵隨即張示是以弊竇遺
滋於清廳十一年商民盧化廣持單赴總局納稅
不收因於十二年呈懇福道憲轅下雖未蒙準現
在恒吉永三益永兩號稅銀三年並未徵收今道
憲瑞大人蒞任被稅局書吏朦弊真情牌催補納
歉稅始於道光十五年商民盧化廣　郭恩富抄粘
木板並富道台起稅告示奔赴鄂撫憲轅下以稅

不重徵木板確証等情連具二呈批俱刋後今蒙
恩道瑞大人疉審四堂查明定例慷慨革除取具
供結存卷供結刋後商民等知恩必報遂敬獻德
政匾額上書剔弊安商四字下載十二家字號叩
敬外理合再立德政碑於清廳以垂永久是為記
道光六年歲次丙申孟秌月立

六十一

修廳署記

丙午秋余奉命出守治譜未嫻延友茗溪六詩王君佐理申韓公暇常同登樓眺覽憶昔日戎馬牧遊之地為斯時徵科教禮之邦雖化美俗純羣敦孝讓而荒煙蔓草鮮見膏腴署築枕山面水漸成破瓦頹垣余分俸庀修擇内外餘基親栽楊栁廿餘本望他日衆緑陰濃八里咸蔚茂象庶知余之

隨時論事志切留有我之所餘而無愧之憾爰誌
此跋留以同志云爾
道光戊甲孟夏上浣長白雨田福申題

重修關帝聖母龍王廟碑記

嘗聞莫為之先雖美弗彰莫為之後雖盛弗傳吾鄉舊有

關帝聖母龍王廟創始於何年有舊碑記可考也第歷年既久風雨漂搖摧崩棟折雀鼠穿鑿墻傾屋頹甚非所以安神靈而肅觀瞻也鄉之人不忍坐視因按牛犋各捐貲財於正殿而補葺之於禪

堂而創建之振興鐘皷樓大起山門院而又為之
復興對月樓焉以荒蕪之區轉而為清華之宇是
役也閱歷日經費錢鄉之人鐫石刻銘非有他望
也惟祈綏萬邦屢豐年
皇天眷佑世世相承永享太平之福焉是為記
咸豐九年夏六月敬立

穀生雙穗碑誌

同治癸酉福蒞任清廳值歲旱禱雨輒應次年夏間又旱甚民以為憂復率商民籲禱於龍王祠及穀神祠前旋沛甘霖禾苗秀發相繼雨暘時若秋收頗豐且有穀生雙穗者數處耆老僉云清廳地寒土瘠雙岐之麥尚不易得雙岐之穀尤所罕見況生於旱苗得雨之後乎小民欣欣咸以為瑞當

將禱應蒙澤情形詳明撫憲入
奏旋蒙
欽頒甘霖普濟匾額懸掛於龍王之祠誠足以答神
庥而伸感悃矣惟穀生雙穗一節格於成例未能
入告福謹繪圖刋石置之穀神祠壁間以誌神恩
渥被庶幾歷久不忘云爾長白定福題
勝境嘉穀厥實匪常雙歧並秀其實穰穰聿追同

頖

盛世之祥以銘斯石魚𢇁倉箱江右楚思孟敬贊

六十五

義學院碑記

為鐫石以垂永久事緣清郡設有義學教授生徒前人之經營具有深心而學田僅有鑲藍旗康盛庄名曰籤子地一條半每年獲租錢三二十千文除賦課外餘作學中之修繕為數過尠殊非隆重師儒之道茲查平頂山脚有田壹拾八畝經定前任罰施義塚掩埋遺骸而餘地依然荒蕪今由本

署府播種苜蓿施之義學以義塚之餘地補義學
之不足想仁人君子必不以予為多事云爾
光緒四年榴月上浣署通判事恩承識

六十六

重修聖泉寺碑

小廟村距府五里許為西北首衝其地枕山帶河茂樹交蔭最一郡佳處有聖泉寺焉清泉沸湧池草活潑夏不炎蒸冬無冰結派分左右村民引灌田陌洵清河之勝境也創自乾隆年間嗣雖屢加修葺亦屢歷星霜又兼樹摇於外水侵其内以致棟宇傾頹神像剥落邨人目擊心傷久欲有心興

復奈役大費廣無敢倡者適郡守定公涖任斯土
務民之義逢旱則禱禱輒應闔郡賴以豐亨是地
静者神靈心誠者神應也因屢次祈雨見其傾圮
弗支乃集議重修捐廉首倡期未浹旬捐錢壹千
餘緡遂擇誠謹介潔者董其事兼諭補葺寺西之
龍神祠以昭誠敬於是陶司甗瓶工選木石一時
築砌並舉或全建新壘或增修舊垣不百日而功

告竣是舉也村人固與有成然非公才餘於官悉心民社焉能布之優優若是哉過此以往破者補之殘者修之剥蝕者塗堅之庶廟貌常新而神靈是妥矣正鐫石紀事而公適擢陞豐鎮歲又饑饉事遂中止因循三載幸奇公署理府事進謁時見石置階下詢得其情慨然捐廉並諭立會令每年抽頭一以勷成前事一以存備重修樂樓之資

是傳戚紀美二公有焉至樂樓興廢是又有望於

將來是為記

光緒五年季夏立

憫災竹枝詞

盧夢蘭字薌谷

光緒三年晉沮饑河東一帶更堪悲哀鴻徧野嗷嗷慘目擊心傷正此時

其二

貧家餬口苦無貲産逮中人亦可危太息葢藏全不講一經荒歉便難支

其三

果核糠秕也療饑草根握盡樹無皮丁男子婦皆枵腹黃髮垂髫悉餒而

其四

災黎千萬粟何幾賑濟焉能惠徧施道殣相望溝壑委民無菜色實難期

其五

父母從無不愛兒古今通義乃如斯誰知饑饉旋

遭後拋棄嬰孩滿路歧

其六

只圖暫果腹中饑罔顧倫常忍悖違骨肉相残竟相食异於禽獸又幾希

其七

成羣結隊敢為非搶刼横行罪有歸實逼饑寒方出此堪矜愚昧本無知

其八

耕九餘三舊善規全憑積穀在平時雖荒有備當無患何事紛紜議粟移

其九

入春惟望雨知時三日為霖澤沛施最是天心本仁愛應從民願溥無私

〔清〕文秀 總纂 〔清〕盧夢蘭 編纂

新修山西清水河廳志

十八卷

清光緒抄本

新修山西清水河廳志

宮保爵撫憲曾大中丞飭各廳州縣修志書札

巡撫部院曾　為札飭事照得本爵部院於光緒五年三月

初九日會同

閣部堂恭摺具

奏晉省設立書局先刻善本四書六經以便士民次議重修省

志以存文獻欽奉

諭旨允准當經分别咨行在案查山西志書自康熙雍正年間修

輯後至今未及重修事關文獻豈可任其湮没咸豐初年髪

逆滋擾同治六年捻匪渡河地方被蹂躪者十數屬男女殉

節義者若而人禦寇防邊兼籌水陸依山設險添建碉牆鹽

法之官運官銷營制之移兵移餉有關政體各有變通更繼
以七載之歉收三年之大祲戶口流亡過半賦稅蠲緩頻頒
倉儲則悉數皆空善後則百廢未舉正宜登諸記載貽示後
來此志之所亟宜重修者也現已由省聘請博通淹雅多識
能文之儒纂修全省通志所有各廳州縣志書亦須一律修
輯以備採擇考証之資藉免舛誤遺漏之患惟當經費支絀
不得不設法變通應將府志暫緩興修州縣原有志書亦毋
庸更動先令各丞倅牧令查明原修志書以後應載各事實
另修補志一册即照原分門類挨次編纂其有原修志書以
前事實前志未載應行添入者另列補遺一門或前志已載

尚須辨正者另列糾誤一門以期簡便所需經費准就地方
勸捐籌資應用一面訪請淵博之士總司修纂庶免貽識通
識資觀摩於往事垂文獻於來茲實於三晉吏治文風兩有
裨益除札司局道府知照外合亟札飭札到該廳即便遵照
辨理毋違

志書總目録

黄河渡口圖

廳署圖

附八景

玉屏叠嶂

金盖層巒

榆灣漁唱

雉堞鷄鳴

清水瀠波

渾河激漲

小廟聖泉

雷音石佛

新修清水河廳志序

且事莫難於創始而功莫便於相因則欲述前人之遺徽以為後人之法守雖數百載以上之人心不可見而一為之博採修飾斯忠孝節義之志遂無不昭然若揭如在目前則信矣郡之不可無志猶國之不可無史也余自庚辰冬承之是邦下車伊始適奉
曾大中丞札飭各廳州縣重修志書迺清水一屬僻處邊陲原係蒙古草地荒陋已甚迨我
熙朝撫有中外始入版圖自乾隆初乃設官隸事諸多草創苟簡闕畧是以歷代以前更無文獻可徵第百有餘年其間豈無

可述徽音所當撰入志乘以垂不朽者乎特莫為之後雖美弗傳茲於廢卷中獲前署倅恩澍堂先生修輯所見所聞蹟歷兩本是伊不自我先不自我後而乃得於深思遠慮之餘若有為之守先而待後者此其中殆有天焉非人之所能為也爰集同志諸君就其原本廣詢博訪重加釐訂偽者証之遺者補之信者存之疑者闕之並取歷年以來之可傳者附於後而郡志始有完書閱一載而告成不禁喟然曰甚哉修志之難也蓋地處山陬年踰甲子既多卷宗之散佚復少父老之傳聞則欲其簡而能該約而能詳不戛戛乎其難哉況余賤性錐魯問政未遑而區區纂輯之初心計維是補修前

書編綴近事俾觀形勢而知山水之夷險覽舊蹟而識古今之廢興續義舉以紀人善志節孝以彰苦節傳人之志行吾之志此書成而吾志遂矣顧因陋就簡接墜緒於幾亡非敢云美備悉臻亦祇期白水盟心青山增色與二三同志樂觀厥成焉耳若夫興利除弊振廢起衰民何以厚政何以成有非常之人始克舉非常之業余不敏雖有志焉而未逮烏得不於後之君子而深其屬望之思也夫是為序旹

光緒九年歲在癸未十一月朔旦

誥授奉政大夫陞用同知知清水河廳事長白文秀撰書

新修清水河廳志姓氏

督纂

布政使銜花翎分巡歸綏等處地方兵備道總理旗民蒙古事務加三級阿克達春

總纂

同知銜特授清水河蒙古民事府加三級文秀

編纂

雲騎尉太原府學貢生盧夢蘭

參訂

候銓縣丞盧瑞昌

偏關縣學增生李汝霖

參閱

六品銜升用知縣補用縣丞清水河巡政廳 周霖

校閱

代理清水河巡廳從九 沈守正

六品銜試用縣訓導 劉萬亨

校對

候銓從九增生 王定國

議敘從九品 武寬

採訪

偏關縣附生 郭雨青

議敘七品銜　韓毓仁

議敘七品銜　賈子昭

議敘七品銜　楊鳳岐

徐溝縣武生　喬毓正

偏關縣監生　杜殿魁

徐溝縣文童　喬天禄

吏員　張　錦

職員　邢惠成

監修

候銓州吏目　王召舉

謄錄

國子監太學生盧河

軍功六品銜耿子康

大同縣附生史傑

偏關縣附生劉玉

壽陽縣文童趙玉山

新修清水河廳志

新修清水河廳志卷首

圖考

周官太史氏掌左圖右書蓋名物可以藉載籍而紀而形象則非圖莫可攷也誠以志之有圖豈非經野之先資哉清郡雖僻處荒陬顧疆域山川古蹟邊隘街市廨宇祠廟皆不可略茲特將各圖具繪於篇俾閱者開卷寓目瞭如指掌焉志

圖考

附星野

黃帝畫井分疆以九野之星分主九州之地則分野之說由來尚矣然考天文志注云星躔一度可當地二千九百

三十二里則清水一郡之在塞外僻處一隅其於星躔直太倉之一粟耳況余學識淺陋天文一門無從授受未嘗肄業及之莫由研究涉獵史貴闕文何敢臆斷強不知而以為知乎往見陽曲新志因昔安陽武功兩志不列星野一門今特援以為例姑闕其疑以俟博雅君子補其罅漏而匡所不逮焉幸甚

疆域全圖

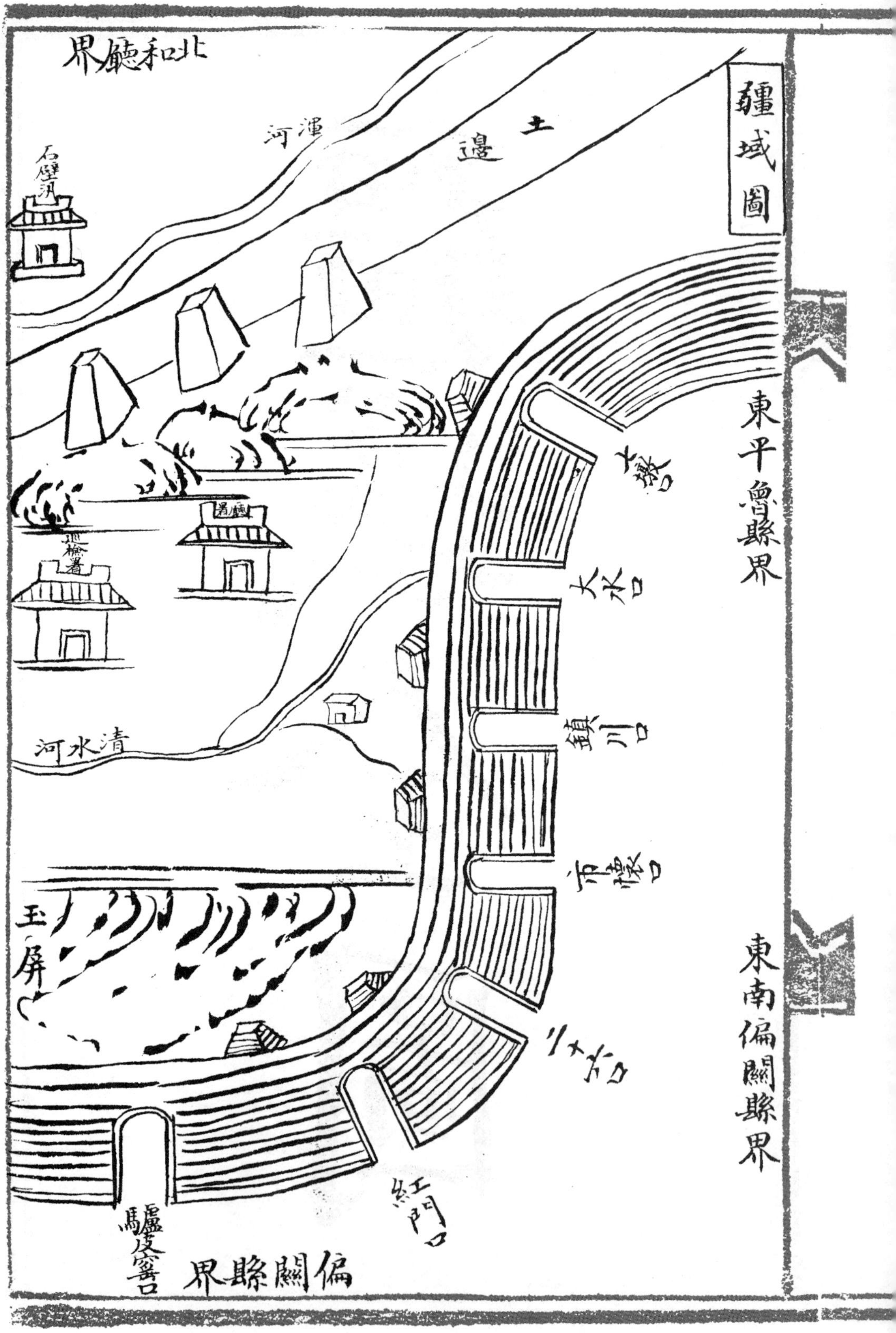
疆域圖
北和廳界
運河
土邊
石壁汛
東平魯縣界
大水口
鎮川口
市樓口
東南偏關縣界
清水河
玉屏
紅門口
驢皮窰口
偏關縣界

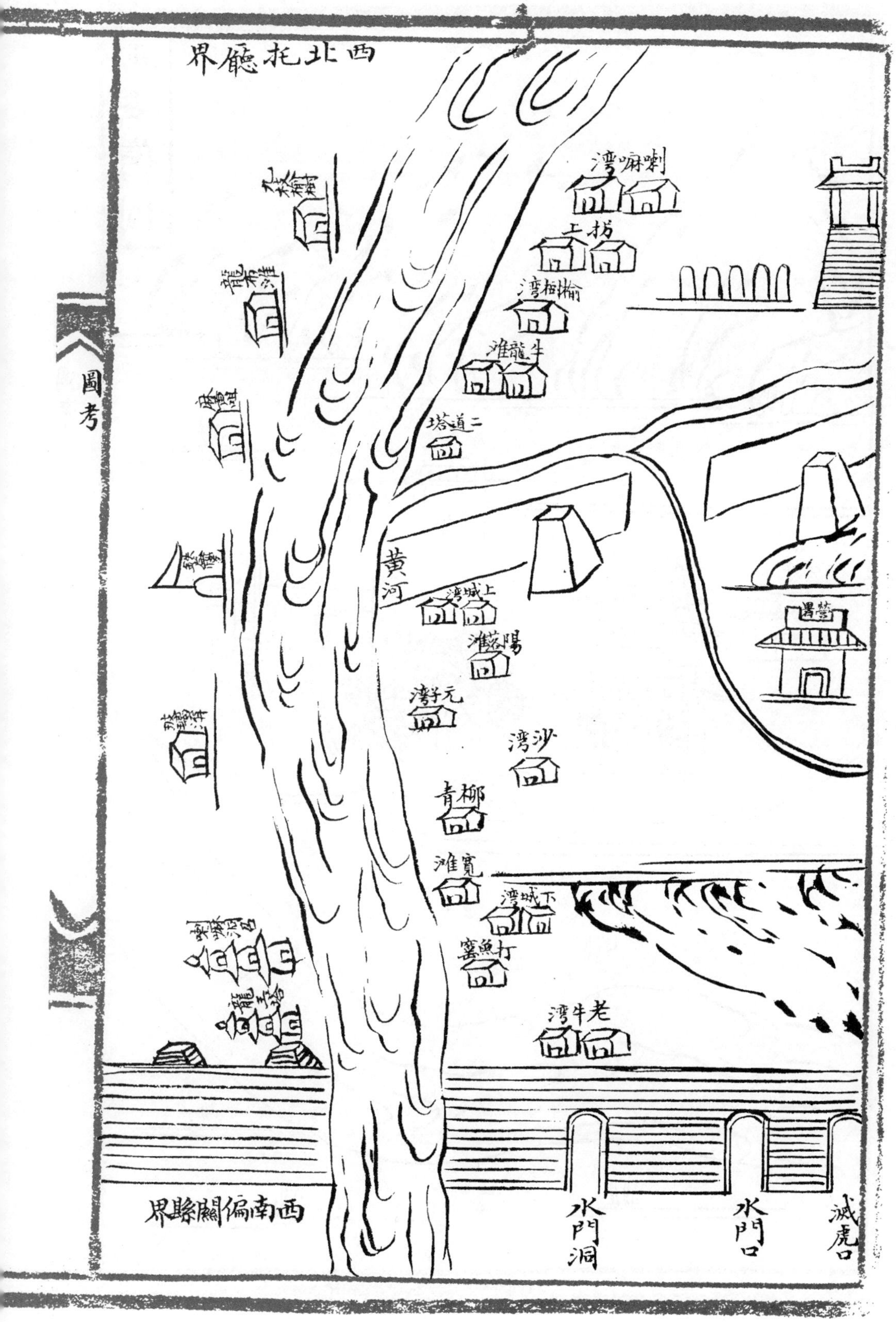

西北托廳界
喇嘛灣
坊上
榆樹灣
牛龍灘
二道塔
黃河
上城灣
陽茂灘
元子灣
沙灣
柳青
寬灘
下城灣
打魚窯
老牛灣
營署
西南偏關縣界
水門洞
水門口
滅虎口

圖考

永安街圖

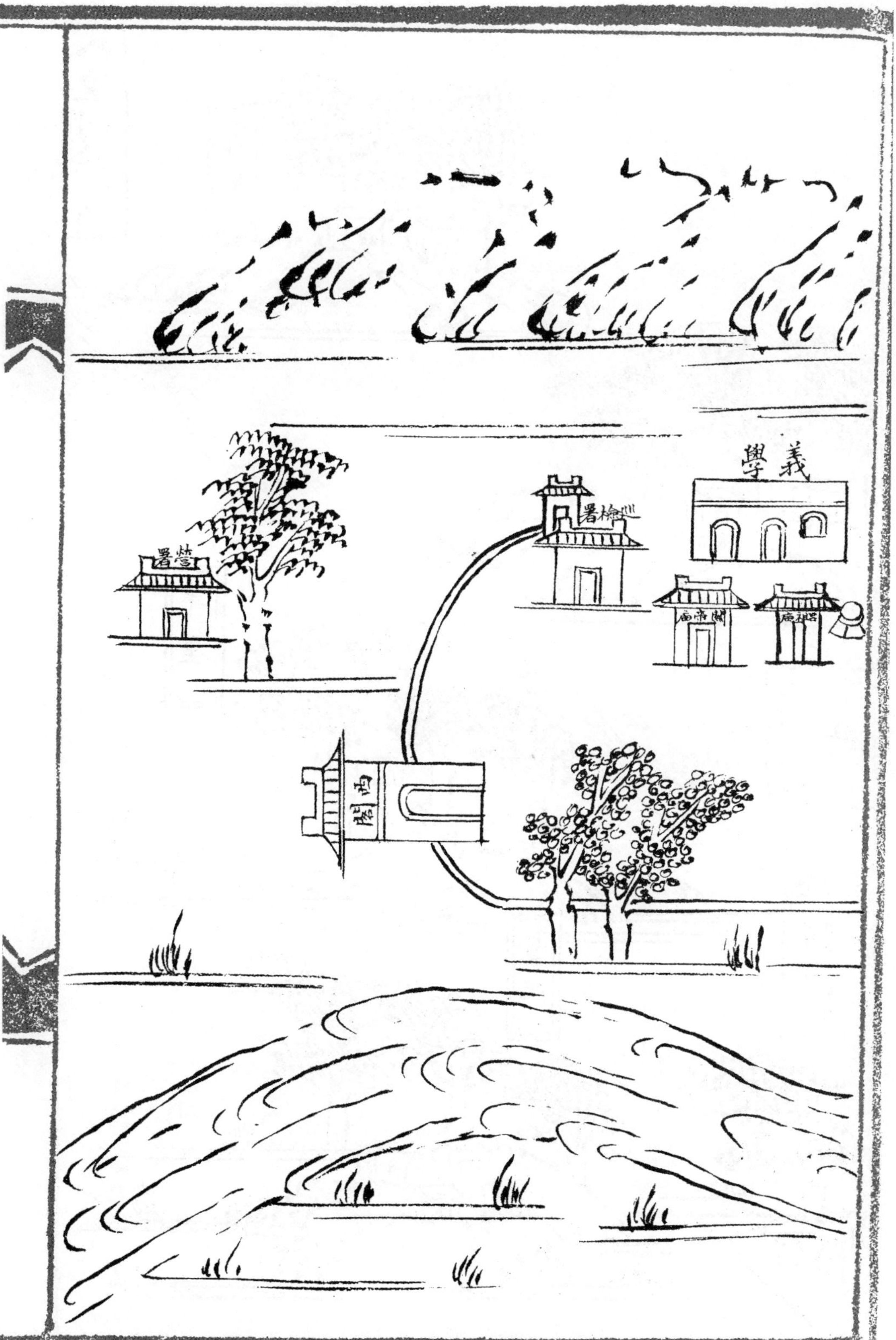

營署
巡檢署
義學
關帝廟
呂祖廟

八里村莊圖

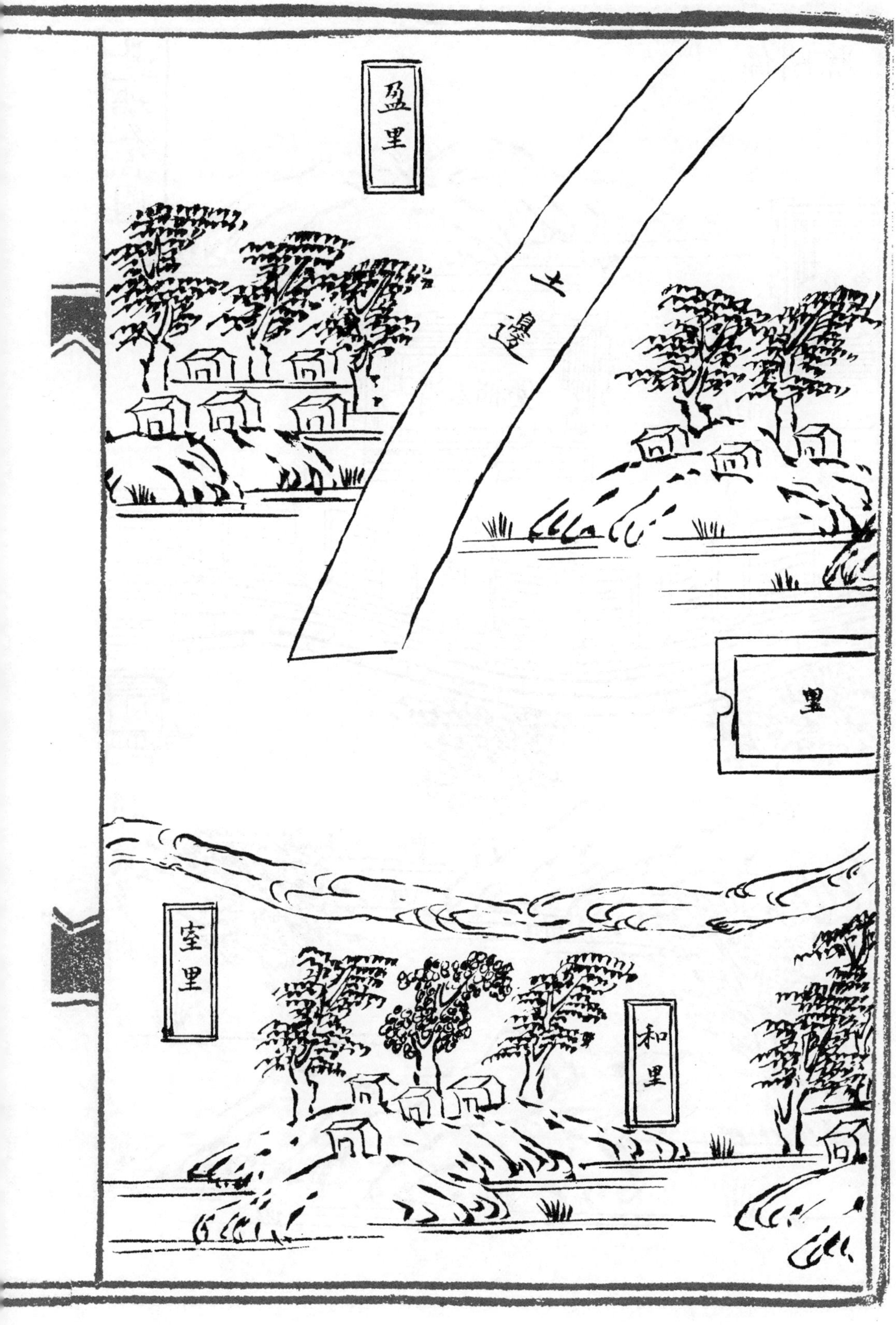

盈里
土邊
里
室里
和里

邊墻各口圖
水泉
滑石澗堡
水門洞
水門口
吞虎口
鎮邊口
滅虎口
西驢皮窨
鄂爾多斯

地方
營堡
五眼井堡
南墩口
十墩口
西要邊口
紅門口
九墩
六墩口
四墩口
鎮川口

黃河渡口圖

老牛湾渡
柳青渡
玩湾渡

廳署圖

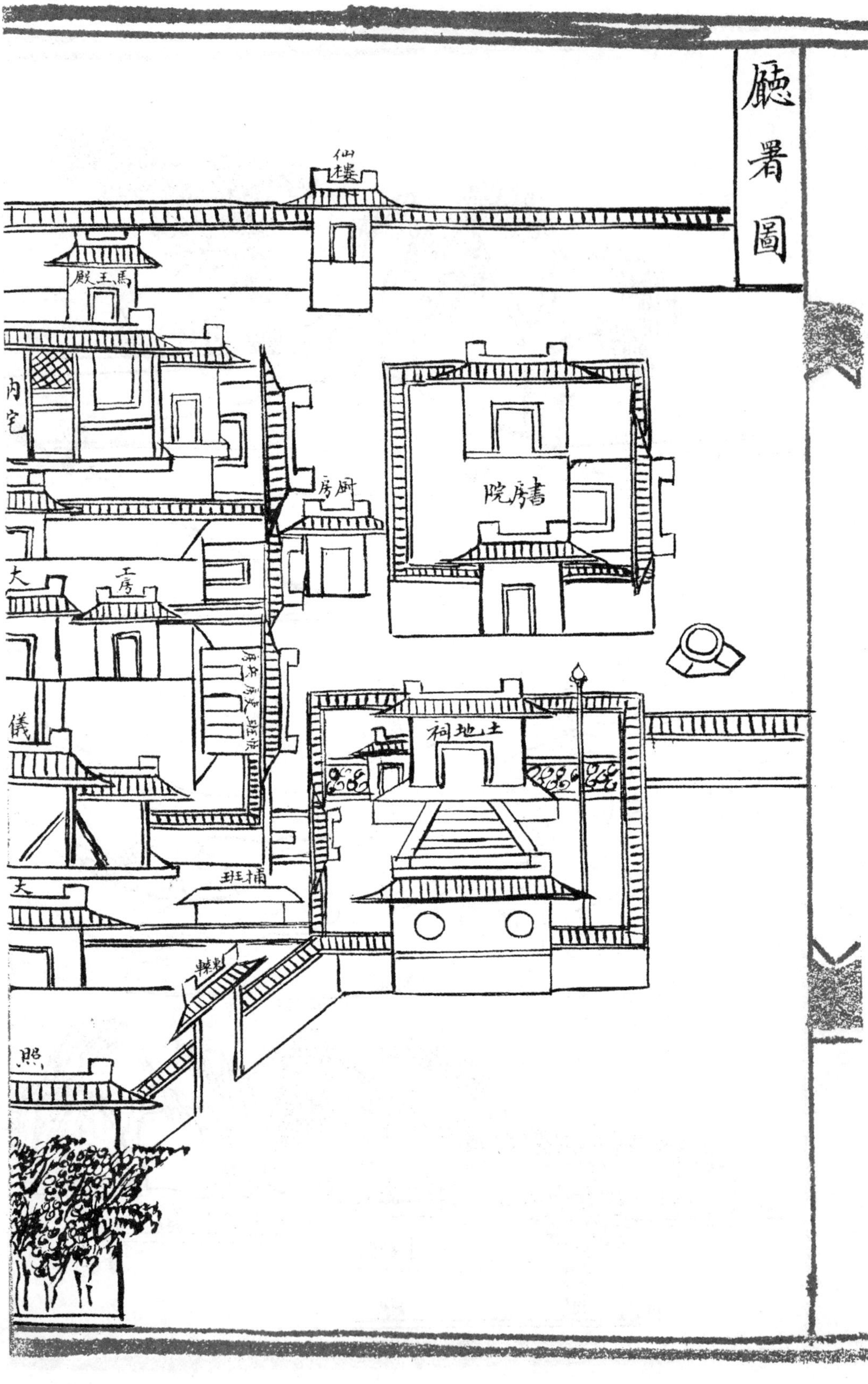

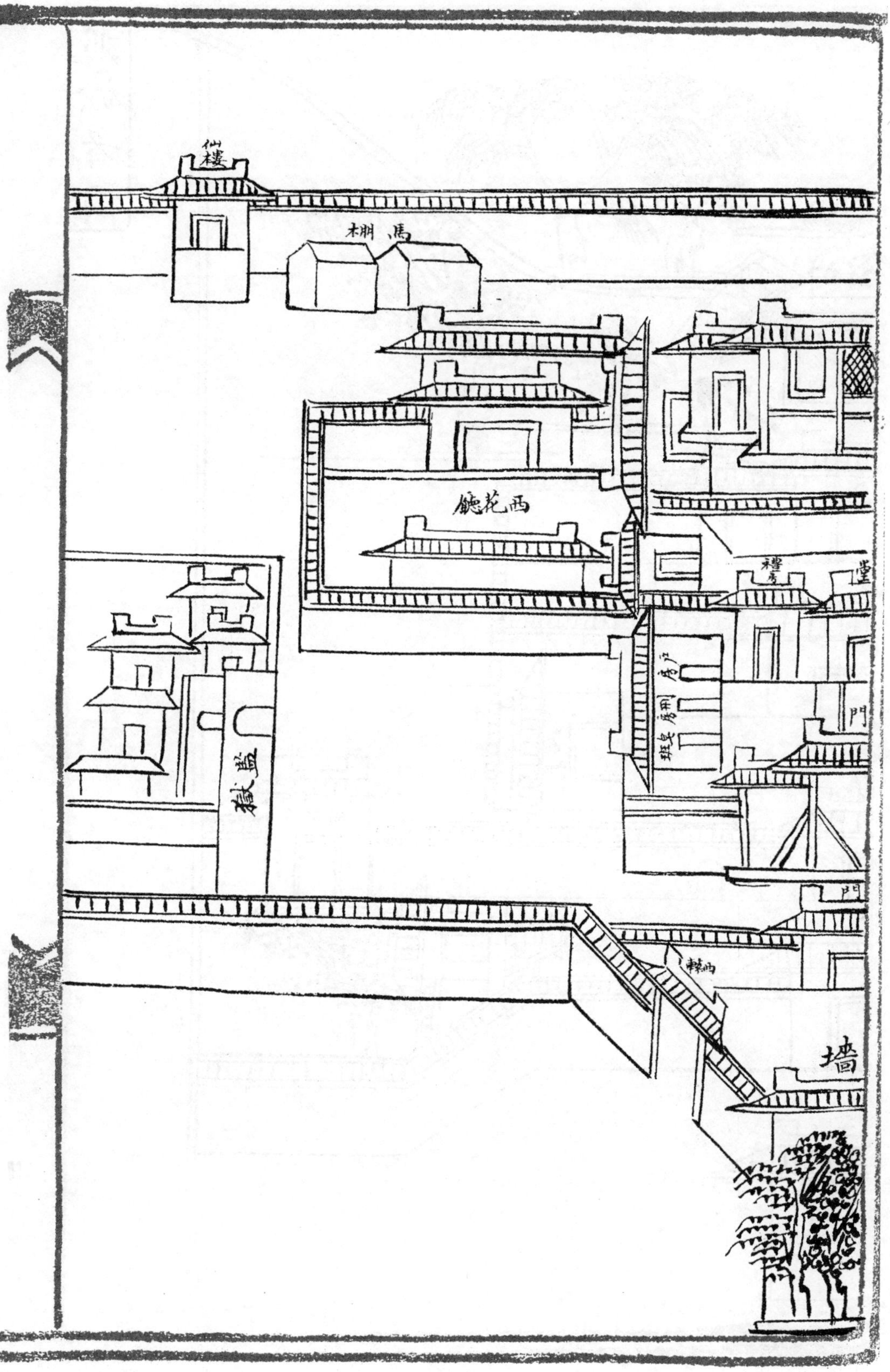

仙樓
馬棚
西花廳
禮房
堂
戶房
刑房
班皂房
門
監獄
門
西轅
墻

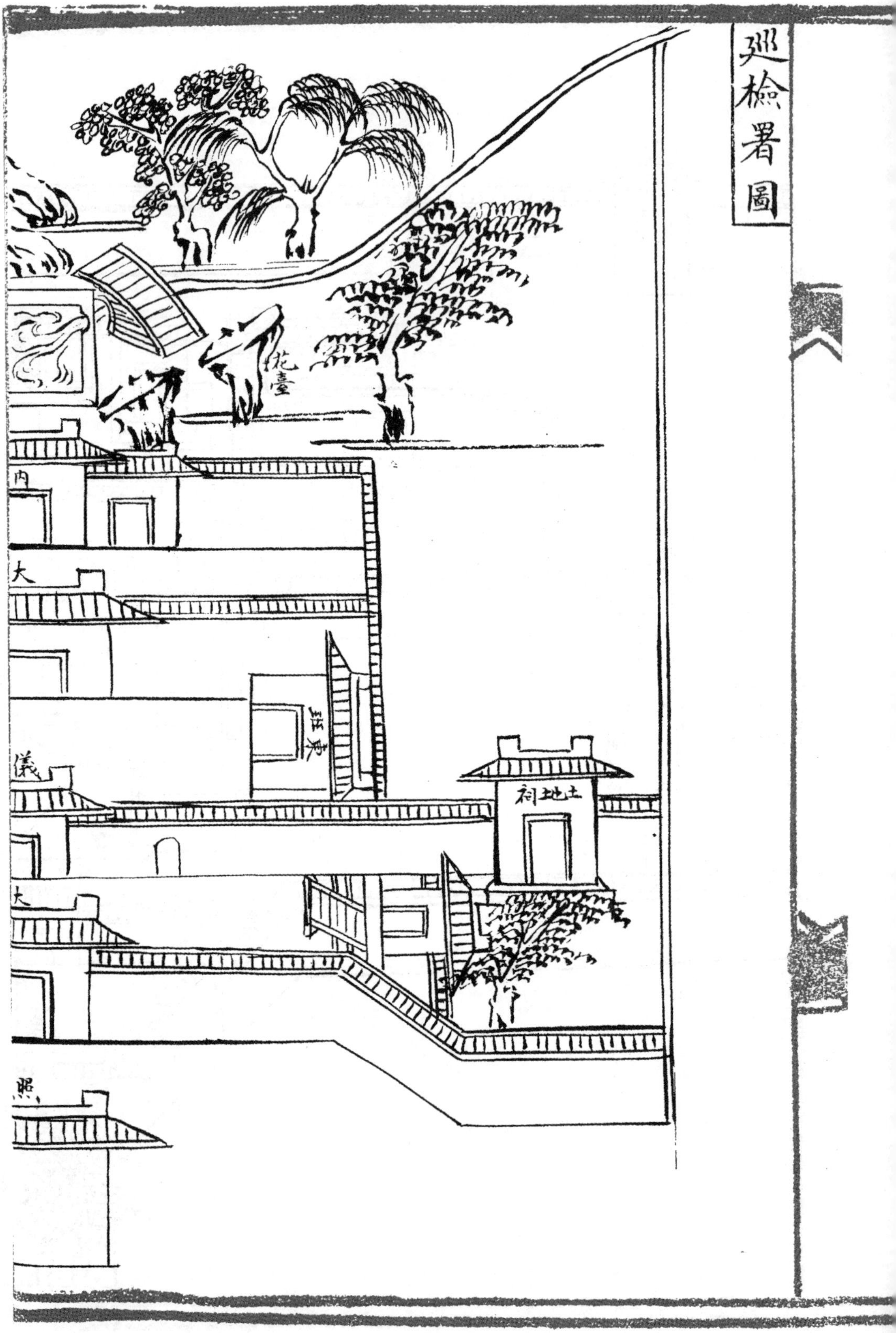
巡檢署圖
花臺
內
大
班房
儀
土地祠
大
照

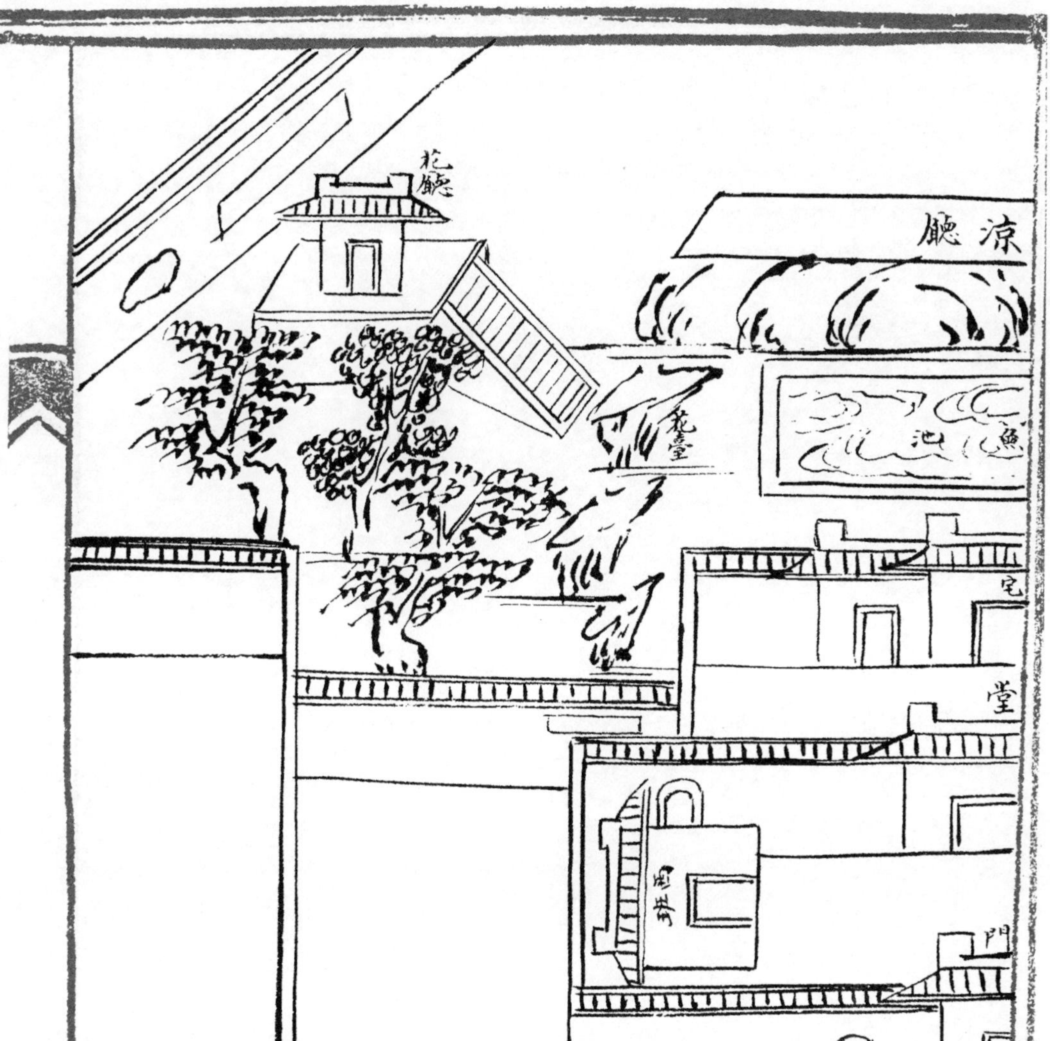
花廳
涼廳
花臺
魚池
宅
堂
門
門
牆

疆域

自昔畫野分州以後量地而置郡邑斯疆域分疆域分然後土地之廣狹人民之富庶政治之得失係焉清水一郡雖屬在荒陬幅員之遼濶至千有餘里其東南相接邊墻小口十有二處西則與鄂爾多斯草地毗連中涵黄河渡口十有四處固亦儼然塞外一都會也蒙民雜處雍睦相安俗從簡質不事浮華耕多讀少土瘠民貧催科不易然人不好訟案牘無多惟山環水繞道路崎嶇車馬難行商賈裹足故百貨昂貴遂相率以儉約成風而政教易洽覿其四至八到暨其所

達而綏民奠宇司民牧者實有專寄矣志疆域

清水河廳在歸化城西南二百六十里

東西廣一百四十里南北袤一百五十里周環六百三十里

暨所屬分管準格爾旗地面周圍一千餘里

東南至山西太原府省城九百五十里

東南至

京都一千二百里

四至

東至平魯縣邊墻界七十里

西至鄂爾多斯界八十里

南至偏關縣邊墻界九十里
北至和林格爾古力板計河界六十里
八到
東南到平魯縣迎恩堡界九十里
西南到偏關縣老牛灣界一百里
東北到和林格爾界八十里
西北到托克托城喇嘛灣北營子界九十里
道里
東北至歸化城二百六十里
東北至綏遠城二百六十五里

西北至托克托城一百四十里

西北至薩拉齊二百八十里

正北至和林格爾一百四十里

邊墻小口

七墩口　大水口　楊家大口　五眼井口　新莊口

鎮川口　市懐口　二十六口　水門洞口　紅門口

水門口　滑石口

黃河渡口

喇嘛灣南營子屬清廳北營子屬托城　石拐上　榆樹灣　二道塔

牛龍灣　上城灣　陽落灘　園子灣　沙灣

柳青　寬灘　下城灣　打魚窪　老牛灣

里八

時里六十二村近本街　和里五十四村在正南

年里三十八村在正東　豐里七十六村在正東

家里四十五村在正南　室里七十二村在西南

盈里三十六村在正西　甯里五村在東北

馬廠四十一村在正北　廂藍旗三村在正北

河西八十九村在正西

河西一帶係準噶爾旗遊牧草地清廳轄而不管其地自九

枝榆樹小河以北為托城屬分轄界址玻璃溝小河以南為

偏關縣屬分轄界址鐵蓋腦包以西托城與偏關縣廻繞交
界之區

新修清水河廳志卷之三

山川　水利　形勝　橋梁

昔大禹奠高山大川禹貢一書所載九州之山水綦詳厥後山經地志踵事而起是知山川足可為地方生色矣清郡僻在塞北雖無深山大澤毓秀鍾靈而巉巖環繞亦足稱雄又何可以弗紀哉志山川

玉屏山

在廳署正南八里以其頂平故俗又名平頂山周圍一里又以北向與廳署相對峙如列屏嶂焉實係清郡風脈主山故清郡又名屏山云

金盖山

在廳署後層疊如華蓋故以爲名上祀真武故俗人名真武山周圍三里居民喜此山向陽依山而居者實繁焉

銀鑛山

在廳東三里許龍王廟後俗傳此山有銀鑛咸豐六年通判蔭德納僱覔工匠開採徒費物力未成而罷光緒二十二年經候補知縣尹克正奉文查勘並非礦産二十九年蒙礦務公司札飭查各屬礦産已將沙石呈驗是否礦産未蒙批示迄今仍未開採

清水河

在廳署正南由平魯縣屬之大咀口發源流入本境三岔河
逶迤一百五十里至裕民庄入渾河滙歸黄河其河水本屬
細流在境内東西環繞十有三道形若玉帶終年清流不斷
不涸

渾河

在廳署東北三十里由平魯縣屬之連家窰台墩底海眼發
源流至殺虎口達於和林格爾新店子紅城村入本境屬石
壁汛西流至岔河口歸入黄河

南海子

在廳東一里形如釜底周圍百餘步内産鰍魚

黄河

在廳署正西五十里與鄂爾多斯交界上流由西北托克托城喇嘛灣斜入境内向西南流至偏關縣老牛灣出境迤長一百四十餘里水勢甚溜雖嚴冬亦不結冰其河東岸俱係巉巖並無支河渠道

湯溪河

在平魯縣西北三十五里源出谷山泉由大河堡水口流出口外經清廳境入於黄河

七墩河

在平魯縣西北六十里發源墩東由西北流出口外經清廳

境入於黃河

響水泉

在響水營泉水激石落潭有聲因名由大河堡後流出口外

經清廳境入於黃河

水利

青龍渠

在廳署南由東大廟灣築隄壩引清河之水入渠内導由東

閣流至永安街中廳署前石橋下伏流不見至西閣外其流

復出分派左右足資灌溉蔬地百餘畝其水流至小瓦窯溝

混入泉水内同歸清河光緒元年經前升任通判定福於沿

渠堰邊栽種楊樹數百株後多未活惟廳署照壁後渠邊四十餘株今已長成蔚然暢茂焉

順成渠

在街西五里小廟村内由村東太平莊山底引清河之水入渠流至村内混入聖泉寺流出之水東西分流同歸清河足資灌溉蔬田百餘畝

潦龍渠

在街東五里許神池窰村由村東南窰子底築壩引清河之水入渠西流至南海子村灘歸入清河迤長四里餘足資灌溉蔬田數百畝

興隆渠

在廳署南一里許由東南五里許朱家山引泉水入渠傍山西流經南溝大灣又引萊蕪溝泉水入渠經由祁家溝等村歸入清河迤長六里餘足資灌溉蔬田數百畝光緒十七年祁家溝南溝兩村因爭水興訟經通判馬元驥訊斷兩村分用泐石署前以資遵守

附通判馬訊斷興隆渠碑記

光緒十七年十月二十一日興隆渠地户劉景裕元昌劉富劉萬亨等聯名呈控鄰村南海子侯寶小子等酒食聚衆合夥開渠截水斷流欺人無地祈

恩飭遵舊章以杜後患等

情一案荷蒙
郡尊馬大老爺批示查祁家溝興隆渠閘自
乾隆年間迄今一百六十餘載其向來渠水接流村莊澆灌
地畝自有舊章定數不得乱規私改希圖自便茲據該渠地
户劉富裕元昌等公呈現有大南溝無賴勾串南海子村富
户侯寶小子劉光偉等合夥改渠截水斷流欺人無地各等
情如果屬實殊屬胆玩況邊外各廳改制以來與口內州縣
無異所轄境內設有水利可興修渠建壩先須呈明該管本
府親詣勘驗有無妨碍可否修建再行飭遵辦理查侯寶小
子劉光偉等並無呈明案據率領多人私行擅修藐法已極
候即差傳案內一切人等集訊核奪懲辦嗣於是月二十六

日傳案集訊據地户劉景劉萬亨等堂供此渠開自乾隆年
間迄今一百六十餘載其渠水向由南溝内朱家山泉水而
來此泉水流出先從溝内澆灌地畝以後流出溝口歸入興
隆渠自東至西流至蓆蔴溝溝口與該溝流出小水相接會
合一渠流至祁家溝一帶澆灌地畝共計澆地四頃有奇每
年與溝内朱家山水神廟公渠捐助布施錢一十吊如該廟
設有坍塌修理公渠澆水各地户幫同募化以資興修歷年
已久相安無事茲有溝内無賴之輩勾串溝東南海子村侯
寶小子等私行僱工偷在興隆渠水上邊開渠截水東流澆
灌伊村私墾地畝毁壞渠規希圖自便則小的等之水地轉

成旱地若不公同呈控祈　恩作主任伊等所為勢必相沿日久致釀巨案等情又據鄰村南海子地戶侯寶小子等堂供小的等村內地畝向接東面鄰村神池窑渠水澆灌村地三十餘畝現因新墾地三十餘畝不敷澆灌是以夥商就南溝口興隆渠上邊建堨截水東流以資灌溉前向該渠大地戶劉景等面商不允大眾為地起見希圖澆灌藉沾水利以餬家口既被該渠地戶劉景等呈控冰案懇祈作主　恩斷各等情據此查邊外各廳改制以來與口內州縣無異如所轄境內設有水利可興應須先行呈明該管地方官勘驗明確若無妨礙准其修建藉以灌地水利同沾茲據興隆渠地

戶等供稱該被侯寶小子等硬將已開之多年渠水任意截去只圖私便究屬不合第時屆年終不久封篆俟開篆後再為傳訊迨至二月天氣尚冷水凍冰結則水勢之大小能否均勻分期輪澆尚未驗明全無主見一經冒然臆斷則两造爭水涉訟永無休息姑候天暖冰消親詣各處查驗確實再行訊奪飭適及至三月初旬輕騎減從始赴朱家山泉水發源地方查看並溝內經流地段以及流出溝口歸入該渠水勢之大小逐細驗明不甚汪洋且水逆東流西到祁家溝村路徑蜿蜒計有八九里之遥若非同蓆蔴溝細流會合澆地似難遍資灌溉且抽查應澆渠水地畝四頃之數有盈無絀

設遇旱歲不敷輪灌如泥該被侯寶小子等之言水自天産
利可均沾任聽建堨改杜東流則百餘年之水地如同涸鮒
是與爾南海子村有益與祁家溝村有損似覺甚不公允未
便准行應將截水已開未成之渠定限一十日內照舊填實
勿得因循游移致干查究再前次該被侯寶小子等未曾呈
明私行建堨偷截渠水雖未澆灌究屬擅行妄為自應責懲
示儆因念該被等鄉愚無知當堂俯伏哀求至再姑寬免責
著下堂後投具甘結附存至於復經堂訊時該原告呈遞祁
家溝並南溝甲內應澆水地畝數並地主花户姓名清摺粘
附卷內一併備查此判等因蒙此是以合渠地户等公同集

商議將斷案判詞定章照刊石碑分立府衙門首朱家山村永遵謹守以垂久遠不致廢墜云爾

形勝

玉屏列其前金蓋擁於後叠嶂層巒巉巖險巇環繞皆山形如蕉葉而清水一河襟帶於其南山川阻深林木蓊鬱

橋梁

永濟橋

在西閣外嘉慶十八年廳倅同慶創建

南溝木橋

在清河上每十月則構以渡行者夏月撤之

廣濟橋

在廳西十里王三窯村聖母廟住持募建

鞏西橋

在廳西南三里祁家溝村劉嶸首倡捐資創建

河堤

在廳署南自東閣起至西河神廟止迤長一百九十丈光緒二十年經通判程世榮請款捐資修建

附修築河堤並建龍王河神廟碑記

嘗聞禹思天下溺由己溺稷思天下飢由己飢伊尹思天下有匹夫婦不獲所若己推納之溝中古人以天下爲己任其

恫瘝乃身有如此令人受任於一郡一邑尚不能為此一郡
邑民捍禦其菑患鞠謀其保居則司牧之職謂何矣清廳衙
署街市北枕山麓南瀕河于此河即清水河發源於平魯縣
樊家河等處流由大河口出邊牆入清境滙諸山溝之水統
歸此河平日河水亦只涓涓細流而一遇大雨時行山水陡
漲河流勢甚洶湧且近十數年來河溜趨注北岸而岸皆沙
土一經沖汕易致塌陷頻年傍岸鋪戶民房塌入河內者已
不知幾百間以致街市蕭條人烟寥落前廳 文君秀議籌
款築堤以禦河患而款不易籌事遂中止余於甲午仲夏權
篆茲土適是年七月間連日大雨如注河水陡漲數丈致岸

上房屋沖塌者又復不少若再不急築堅堤以護清街不但
岸上民房其僅有存者岌岌難保即衙署倉獄亦恐存紮不
任余方日夜焦思深慮工鉅費繁難以力小任重適據候選
訓導劉萬亨公行武占元等稟懇募資請款築堤衛民前來
與余意適有合惟當此時事多艱庫藏奇絀萬不能請官款
以築民堤而築堤一舉實為民瘼攸關當務之急亦不得不
竭力設法為民請命余遂赴城謁見　道憲面稟情形仰蒙
文觀察准將解存捕盗營建署息銀五百七十兩暫且移緩
就急提充堤工應用另再展限生息以作該營建署之用而
紳商等亦皆力圖捍禦情切樂輸先後捐集堤工經費銀一

千五百九十二兩二錢零惟工費浩繁所短尚鉅以清廳瘠
土貧民實以無可再行設法又未便任其廢於半途萬不得
已查前任 馬君元驥交下追出革書賈漢章房虧銀一千
一百一十三兩七錢現尚存儲廳庫詳請借充工用一面併
借庫存土默特助馬口租銀四百三十二兩發交殷實行商
按月分半生息以所得息銀分年補還原借追出賈漢章之
款俟前款補清即將息本收回仍還租銀原款屢經詳請均
荷 文觀察俯允批示立案費既有着工乃可成遂即遴選
誠實廉介紳商董其事一切估購工料出入款項概不假手
胥吏以杜藉端侵漁總期工歸實用費不虛糜至堤之基址

工程余亦督同紳商躬親相度務期永臻鞏固正籌度間而乙未六月河溜忽自南徙將築堤基址若為騰出於此可見民之所欲天必從之非虛語也乃涓吉興築自東閣起至西河神廟止延長一百九十丈握濠深四尺濶一丈鋪底盡用石條其旁排釘木樁自鋪底而上各層兩邊均用石灰鑲砌中填石塊並用石灰膠泥攙和成汁灌注於內頂上起脊用灰泥封固堤頂寬五尺高出地平九尺六寸連底共高一丈三尺六寸經營一載厥工告蕆遂與紳商等公議在於河之南岸修建

龍王河神廟一所以為落成報享之地綜核詳請領用過捕盜營建署息銀及借用庫儲追出賈漢章銀暨紳商

募捐三項共銀三千二百六十五兩九錢三分除用過工料
銀三千六十五兩九錢三分尚餘存銀二百兩將此餘銀發
交當行生息同前借租銀生息之款所得息銀一併按年解
交　道庫統歸彌補原借追出賈漢章之款以期早日補完
俟前款補清後除將息本租銀仍還原款外此項餘銀二百
兩仍永遠生息歸紳商經理以作河堤歲修之需惟願
靈佑昭垂坊廂永固而後之來者亦念經始之非易勿致廢弛
而失修俾河不為患而民得安居則地方幸甚民生幸甚矣
是為記

新修清水河廳志卷之四

市鎮村莊

疆域既分，山川奠定，而後參伍錯綜於其間者，市鎮村莊是也。況清郡既無城池，尤當以街市為要領，故宜以次紀之。志市鎮村莊。

永安街

清水河廳無城池，惟東西大街一道，名曰永安，約長二里許，其形如箕，建有東西二閣，闤闠貿易咸聚於此。居民則皆依傍山崖而居，多穴處者焉。平山列前，金盞擁後，清河一水環繞於其閒，青龍、興隆等渠皆引清河之水以資灌溉蔬地，然

每當夏日盛漲街南一帶舖戶民居房屋多被河流沖塌若
非於迤南沿河一帶高築石壩以捍衛之清河街市亦岌岌
乎不保矣光緒二十年經署通判程世榮請款捐資修築石
堤一百九十丈遏水南流則永安街市始無沖刷之虞自是
以後舖戶居民均獲安堵者皆程公之賜也

韭菜莊鎮
在廳東南五十里
八里村莊
時
里五十九村
太平莊距署二里應徵銀六十一兩六錢九分五厘

祁家溝 應徵銀八十四兩七錢二分 距署三里

南溝村 應徵銀八十四兩九錢二分 距署一里

劉胡梁 應徵銀三兩八錢五分 距署五里

神池窰 應徵銀一百二十五兩八錢四分 距署三里

二樓堨 應徵銀二十八兩四錢三分 距署八里

寶全莊 應徵銀一十三兩七錢六分 距署十里

陽面村 應徵銀三十四兩三錢四分二厘 距署五里

木匠窰 應徵銀三十兩三錢四分 距署五里

偏關窰 應徵銀二十一兩 距署八里

潘三窰 應徵銀三十二兩八錢九分 距署十二里

靜樂窰 應徵銀三十五兩六分 距署十二里

老朱窰 應徵銀四十一兩六錢一分 距署十三里

大灣村 應徵銀二十一兩一錢三分 距署十五里

蘇灣村 應徵銀三十四兩四錢七分 距署二十里

朔州窰 應徵銀二十四兩五錢五分 距署二十里

楊家窰 應徵銀五十七兩三錢二分 距署三十里

七墩窰 應徵銀三十八兩八錢六分 距署三十里

暨富莊 應徵銀一十二兩三分 距署二十里

林慶窰 應徵銀二十二兩二錢六分 距署三十里

威遠窰 應徵銀二十九兩一分 距署二十里

青羊林應徵銀二十八両四錢二分距署二十里

圪針林應徵銀三十二両一錢八分距署二十里

兕兕窩應徵銀三十四両九錢八分距署二十里

海子上應徵銀一十九両一錢三分距署二十五里

朱家山應徵銀三十四両一錢一分距署八里

昌盛莊應徵銀二両二錢四分距署八里

樺樹溝應徵銀五十両九錢五分距署十五里

連陰井應徵銀二十両九錢五分距署二十里

東高家山應徵銀三十四両三錢二分距署十里

毛林子應徵銀三十両一錢一分距署二十里

他兒半	應徵銀四十九两二錢六分	距署二十里
柏草莊	應徵銀一十二两一錢一分	距署二十里
八岔溝	應徵銀二十六两八錢八分	距署二十里
蔺家溝	應徵銀一十两三錢九分	距署二十里
前松樹梁	應徵銀一十八两二錢	距署二十里
後松樹梁	應徵銀三十二两二錢八分	距署二十五里
永茂莊	應徵銀一十三两九分	距署十五里
祥瑞莊	應徵銀二两五錢	距署十五里
四眼堡	應徵銀七两八分	距署十五里
八稜灣	應徵銀一十两九錢九分	距署八里

台子梁 應徵銀三十八兩七錢九分 距署二十里

原良莊 應徵銀三兩一錢九分 距署十里

興旺莊 應徵銀三十三兩八錢一分 距署五里

發旺莊 應徵銀三十五兩五錢五分 距署八里

白林峁 應徵銀九兩九錢 距署十里

人和莊 應徵銀一十六兩四分 距署十里

裕民莊 應徵銀二十一兩七錢二分 距署二十里

踴躍莊 應徵銀九兩二錢九分 距署二十里

廟爾梁 應徵銀一十三兩八錢 距署二十里

大同峁 應徵銀一十九兩七錢六分 距署二十里

車廠應徵銀四兩距署二十里

東上陽塔應徵銀一十七兩五錢三分距署二十里

興盛莊應徵銀六兩二錢五分距署十里

打兒架應徵銀二十五兩四錢九分距署二十五里

西溝子應徵銀二兩三錢八分距署二十里

半溝村應徵銀二十一兩二錢七分距署二十里

十八盤應徵銀七兩二錢四分距署十五里

泉子溝應徵銀一十七兩一錢一分距署十里

和

里五十三村

寺爾溝應徵銀二十四兩二錢距署五十里

磨扇嘴應徵銀三十二兩九錢距署五十里

小斗溝應徵銀二十兩二錢八分距署十五里

前北溝應徵銀七兩四錢六分距署六十里

後大井應徵銀二十四兩一錢五分距署四十里

杏葉村應徵銀一十二兩一錢九分距署四十里

三眼井應徵銀一十八兩六分距署三十里

前北石券應徵銀一十三兩一分距署四十里

後北石券應徵銀一十八兩二錢七分距署三十里

中北石券應徵銀七兩三錢三分距署三十里

羊家川應徵銀四十七兩四分距署四十里

大陽平	應徵銀三十二兩四錢三分	距署四十里
火石山	應徵銀四十三兩七錢二分	距署三十里
長溝門	應徵銀一十七兩七錢九分	距署四十里
小陽平	應徵銀一十三兩五錢六分	距署四十里
仉家山	應徵銀八兩七錢六分	距署五十里
洞兒溝	應徵銀二十三兩七錢八分	距署四十里
八柳樹	應徵五兩五錢三分	距署四十里
打兒架	應徵銀一十八兩一錢六分	距署四十里
黃家營	應徵銀一十兩八錢	距署四十里
二王墓	應徵銀四兩三錢六分	距署三十里

大王墓　應徵銀一十兩五錢一分　距署三十里

大東溝　應徵銀三十七兩七錢八分　距署四十里

曹家溝　應徵銀一十一兩六錢四分　距署三十里

暖泉上　應徵銀三十三兩八錢二分　距署五十里

下大路　應徵銀一十四兩三錢七分　距署六十里

樺樹灣　應徵銀二十三兩七錢八分　距署六十里

毛台子　應徵銀一十八兩三錢五分　距署六十里

後西水溝　應徵銀一十五兩八錢　距署六十里

瞭高山　應徵銀一兩五錢　距署七十里

破虎溝　應徵銀七十三兩八錢五分　距署八十里

雙窰子 應徵銀六兩八錢 距署六十里

西前水溝 應徵銀一十六兩四錢四分 距署七十里

蘆草溝 應徵銀三十九兩九錢三分 距署六十里

老榆樹莊 應徵銀二十七兩七錢六分 距署六十里

盤路峁 應徵銀一十一兩五錢七分 距署七十里

滴馬水 應徵銀四兩四錢二分 距署六十里

海子溝 應徵銀一十二兩二錢八分 距署六十里

碓碯峁 應徵銀三十一兩七錢六分 距署六十里

碓碯平 應徵銀二十六兩五錢八分 距署九十里

德和莊 應徵銀一十五兩五錢一分 距署七十里

南海子 應徵銀四十四兩一錢五分 距署九十里

營盤梁 應徵銀四十九兩八錢八分 距署六十里

五道平 應徵銀九兩一錢九分 距署五十里

平梁泉 應徵銀一十九兩三錢 距署六十里

楝木塔 應徵銀一十七兩一錢三分 距署七十里

饅頭山 應徵銀一十九兩二錢八分 距署六十里

西邊底 應徵銀一百一十兩六錢七分 距署九十里

膠泥峁 應徵銀七兩四錢八分 距署七十里

泉子溝 應徵銀一兩五錢 距署八十里

小井子 應徵銀四十兩三錢七分 距署九十里

南關廂 應徵銀一百三兩二錢五分 距署一百里

康盛莊 應徵銀九兩七錢五分 距署九十里

年

里三十九村

汾洲窰 應徵銀一十一兩四錢三分 距署六十五里

三岔河 應徵銀五十九兩四錢二分 距署五十里

元嶺子 應徵銀三十五兩六分 距署五十八里

菜樹林 應徵銀七兩六錢五分 距署六十里

石巉子 應徵銀一十八兩五錢一分 距署四十里

石灣子 應徵銀一百一十一兩七錢八分 距署五十里

海子堰 應徵銀二十一兩五分 距署五十里

太平窰　應徵銀三十七兩九錢九分　距署五十里

永安窰　應徵銀三十五兩五錢四分　距署六十里

新堡子　應徵銀一十五兩一錢　距署七十里

坐墳兒　應徵銀二十兩一錢三分　距署七十里

灰泉子　應徵銀一十六兩三錢六分　距署八十里

黃榆樹溝　應徵銀三兩七錢五分　距署四十里

富家莊　應徵銀五十兩六錢一分　距署九十里

富家梁　應徵銀二十兩四分　距署九十里

青龍灣　應徵銀一十五兩二錢　距署七十里

上三道溝　應徵銀三十兩七錢八分　距署七十里

復興溝 應徵銀一十四兩二錢四分 距署九十里

七壞溝 應徵銀四十五兩五錢 距署八十里

頭道溝 應徵銀一十三兩八錢五分 距署八十里

豐盛溝 應徵銀一十四兩六錢三分 距署八十里

五里坡 應徵銀四十七兩八錢三分 距署八十里

興旺村 應徵銀二十九兩八分二厘 距署九十里

昌盛莊 應徵銀二十二兩六錢 距署八十二里

大興莊 應徵銀一十兩 距署八十二里

豐盛莊 應徵銀一十六兩四錢六分 距署八十里

碓硐溝門 應徵銀五十七兩三錢七分 距署七十八里

北盛莊應徵銀二十六兩四錢二分距署七十八里
永豐村應徵銀三十八兩四錢距署七十五里
夾榆樹溝掌應徵銀四十六兩五分距署七十里
長梁溝應徵銀一十七兩一錢距署八十里
盆底青掌應徵銀七兩二錢六分距署七十五里
盆底青門應徵銀四十六兩四分距署七十五里
碓硇溝掌應徵銀一十七兩六錢九分距署七十五里
永盛莊應徵銀一十二兩七錢二分距署八十里
夾榆樹溝門應徵銀五十六兩六錢四分距署七十二里
侯林村應徵銀三十六兩四錢六分距署五十五里

豐里七十六村

西山溝門 應徵銀六兩六錢二分 距署六十里

韓慶壩 應徵銀七十五兩一錢六分 距署四十里

雙台子 應徵銀四十九兩一錢九分 距署三十里

二道梁 應徵銀二十兩五錢八分 距署七十里

黃花峁 應徵銀二十三兩一錢六分 距署六十里

十七溝 應徵銀五十八兩八錢四分 距署六十里

北小樺樹溝 應徵銀一十五兩二錢八分 距署六十里

南小樺樹溝 應徵銀三十五兩一錢五分七厘 距署六十里

獅子塔 應徵銀三十三兩二錢七分四厘 距署六十里

迎恩八墩應徵銀四兩距署七十里

盆底青應徵銀二十二兩二錢九分六厘距署七十里

五里坡應徵銀一十八兩九錢七分距署六十五里

萬和莊應徵銀五兩距署七十里

豐盛莊應徵銀三十兩六錢三分距署八十里

太來莊應徵銀三十一兩二錢距署六十五里

興泉子應徵銀二十三兩七錢三分距署六十五里

太平溝應徵銀一十一兩二錢二分距署七十里

板申村應徵銀五十一兩四錢九分距署七十里

北王家莊應徵銀二十兩四錢八分距署七十里

前膠泥灣距署六十里應徵銀七十二兩三錢七分

後膠泥灣距署七十里應徵銀一十六兩一錢一分

丈房灣距署六十五里應徵銀二十兩四錢九分

榆樹莊距署七十里應徵銀三十四兩一錢四分

市懷里距署七十里應徵銀六十四兩三分

興莊子距署七十里應徵銀六十五兩

大興莊距署八十里應徵銀八兩

喜花峁距署九十里應徵銀四十一兩三錢七分

棘針溝距署七十里應徵銀三十兩八錢六分

南王家莊距署七十里應徵銀三十兩七錢四分

黃榆溝 應徵銀一十五兩一錢 距署八十里

炭窰溝 應徵銀一十兩五錢一分 距署八十里

新灣子 應徵銀一十八兩九錢七分 距署七十里

太來村 應徵銀一十二兩 距署五十里

石梯子 應徵銀四十兩七錢三分 距署四十五里

長渠村 應徵銀二十一兩五錢七分 距署五十里

五道梁 應徵銀三十五兩二錢四分 距署五十里

鴉兒崖 應徵銀三十五兩七錢二分 距署四十五里

東山上 應徵銀一十三兩四錢四分 距署五十里

新村 應徵銀二十一兩九錢七分 距署四十里

南曹碾　應徵銀八十兩二錢三分　距署五十里
前萬艾梁　應徵銀一十九兩六錢五分　距署四十里
後萬艾梁　應徵銀二十兩六錢六分　距署四十五里
南元嶺子　應徵銀二十兩二錢八分　距署三十五里
北圪洞　應徵銀四十八兩七錢九分　距署三十五里
黃土峁　應徵銀一十一兩一錢　距署三十里
富民莊　應徵銀四十四兩九錢四分　距署三十里
新莊窩　應徵銀五十八兩一錢五分　距署二十里
前營盤　應徵銀四十七兩九錢三分　距署三十里
後營盤　應徵銀七十一兩五分　距署二十里

太平莊 應徵銀二十四兩七錢三分 距署二十五里

大井莊 應徵銀八兩三錢八分 距署二十五里

古窨村 應徵銀四十四兩四錢四分 距署四十里

大膠泥溝 應徵銀二十七兩一錢八分 距署四十里

小膠泥溝 應徵銀二十六兩七錢一分 距署四十里

石嘴子 應徵銀三十八兩七分 距署四十里

雙墩子 應徵銀一百一十六兩一錢八分 距署四十五里

老窰子 應徵銀五十四兩九錢 距署四十里

復興莊 應徵銀二十八兩四錢二分 距署四十里

西曹碾 應徵銀三十四兩三錢六分 距署五十里

大樺樹溝應徵銀五十七兩六錢七分距署五十里

雙井子應徵銀七十五兩一錢二分距署六十里

圈馬溝應徵銀二十七兩一錢三分距署六十里

韭菜莊應徵銀一百一十七兩六錢九分五厘距署五十里

北曹碾應徵銀五十兩六錢二分距署五十里

蘆草圪洞應徵銀八十七兩一錢距署五十五里

石人背應徵銀五十七兩二分距署五十五里

搖鈴溝應徵銀二十兩五錢一分距署六十里

雙樹子應徵銀八兩距署六十里

樺樹梁應徵銀五十七兩八錢距署六十里

黃榆樹溝應徵銀一兩七錢四分距署六十里

萬和莊應徵銀一十四兩五錢三分距署六十里

前杈杈溝應徵銀五十一兩一錢四分距署六十里

後杈杈溝應徵銀二十五兩三錢九分距署六十里

席麻溝應徵銀三十兩四錢二分距署五十五里

石匣口應徵銀二十一兩二錢四分距署五十五里

大榆樹灣應徵銀一十兩六錢九分距署五十五里

打車溝應徵銀五兩五錢二分距署五十里

海子上應徵銀一十二兩二錢六分距署三十里

家里四十四村

三眼井　應徵銀五十四兩七錢五分　距署三十里

新莊窩　應徵銀一十一兩八錢一分　距署七十里

蹶菜窩　應徵銀二十七兩八分　距署六十里

西井子　應徵銀九兩三錢八分　距署六十里

大成莊　應徵銀二十一兩一錢四分　距署六十里

圪針灣　應徵銀三十三兩四錢三分　距署六十里

滴馬水　應徵銀一十六兩八錢　距署六十里

雙窰子　應徵銀二十四兩七錢二分　距署六十里

石匣子　應徵銀一十四兩三錢　距署六十里

三黃水　應徵銀五十四兩七錢二分　距署五十里

二道窑　應徵銀九兩七錢七分　距署五十里

後三黃水　應徵銀三十七兩二錢六分　距署六十里

李家莊　應徵銀五兩五錢　距署六十里

樺樹溝　應徵銀四十六兩五錢五分　距署六十里

南長渠　應徵銀八兩　距署五十里

後長渠　應徵銀六兩六錢　距署五十里

扁樹溝　應徵銀八兩二錢七分　距署六十里

石灣子　應徵銀二十六兩六錢　距署四十里

圪針溝　應徵銀六兩六錢三分　距署五十里

丈房灣　應徵銀四十八兩一錢二分　距署七十里

碓硇窊	應徵銀二十四兩八分	距署六十里
尖山子	應徵銀五十兩七錢	距署八十里
棋杆峁	應徵銀三十一兩三錢二分	距署六十里
小井子	應徵銀三十四兩七錢七分	距署七十里
五里坡	應徵銀五兩八錢五分	距署七十里
老熊溝	應徵銀三十四兩七錢五分	距署七十里
五眼井	應徵銀一百三兩五錢一分	距署九十里
北堡	應徵銀四十四兩四錢九分	距署七十里
蓮花半	應徵銀二十二兩九錢八分	距署六十里
花石甲	應徵銀八兩七錢七分	距署八十里

石梯子　應徵銀一十九兩九錢二分　距署五十里

水草溝　應徵銀四十兩五錢八分　距署七十里

大莊窩　應徵銀一十七兩四錢九分　距署七十里

楊井上　應徵銀二十五兩九錢五分　距署七十里

三台子　應徵銀一十二兩八錢七分　距署八十里

小莊窩　應徵銀三十六兩四錢六分　距署六十里

安樂村　應徵銀一十四兩六錢二分　距署七十里

尖次崖　應徵銀四十兩八錢三分　距署五十里

北溝　應徵銀二十兩五錢六分　距署六十里

塔兒會　應徵銀二十四兩七錢四分　距署六十里

劉家窰　距署四十里　應徵銀四十三兩七錢一分

雙石槽　距署五十里　應徵銀四十三兩一錢八分

土溝子　距署四十里　應徵銀一十一兩九錢七分

蒿艾梁　距署四十里　應徵銀三十六兩一錢九分

峑里六十八村

正前大井　距署六十里　應徵銀三十八兩七錢三分

陽崖大井　距署五十五里　應徵銀二十五兩八錢二分

陽莊大井　距署五十里　應徵銀二十二兩九錢四分

川溝大井　距署六十里　應徵銀一十九兩三錢七分

川峁上　距署五十里　應徵銀五兩六分

園子灣應徵銀一十一兩九錢六分距署七十里

賈家村應徵銀三十七兩三分距署六十里

大甲石應徵銀四十兩六錢四分距署五十里

車道梁應徵銀六兩九錢距署三十里

侯家塔應徵銀八十三兩七錢四分距署五十里

西興盛莊應徵銀二兩一錢三分距署五十里

正峁陽坡應徵銀三兩距署五十里

暖泉梁應徵銀二十五兩六錢伍分距署四十里

松樹塢應徵銀九兩三錢二分距署三十里

韓家梁應徵銀七十三兩三錢六分距署五十五里

長嘴梁 應徵銀三十四兩七錢八分 距署七十里

陽窩鋪 應徵銀一十七兩八錢二分 距署七十里

樓子溝 應徵銀二十五兩二錢五分 距署三十里

寬灘村 應徵銀六十八兩九錢 距署六十里

樺樹塢 應徵銀九兩三分 距署三十里

西樺樹溝 應徵銀二十九兩三錢八分 距署四十里

白馬路 應徵銀一百三十七兩二錢八分 距署八十里

単台子 應徵銀一百九兩八錢七分 距署八十里

李家莊 應徵銀一十一兩三錢九分 距署八十里

興盛村 應徵銀一十兩四錢一分 距署八十里

喬家梁 應徵銀四兩六錢八分 距署四十里

中梁子 應徵銀四兩五錢二分 距署六十里

西溝子 應徵銀二十四兩三錢 距署二十里

正峁底 應徵銀一十三兩八錢 距署四十里

西岔溝 應徵銀一十一兩六錢五分 距署五十里

伏龍莊 應徵銀五兩六錢 距署四十里

小石岩 應徵銀二十三兩一錢 距署四十里

西復興莊 應徵銀八兩二錢五分 距署二十五里

西大王墓 應徵銀一十四兩一錢五分 距署四十里

五道峁 應徵銀一十六兩九錢 距署六十里

大岔梁	應徵銀七兩四錢一分	距署六十里
香杏莊	應徵銀七兩三分	距署三十里
黄樹塞	應徵銀一十一兩四錢	距署三十里
杏樹背	應徵銀八兩	距署三十里
西嘴子	應徵銀一十一兩七錢八分	距署三十里
西豐盛莊	應徵銀一十九兩七錢四分	距署三十里
西富民莊	應徵銀六兩	距署二十里
後单台	應徵銀六兩二錢	距署八十里
賈大路	應徵銀四十六兩四錢五分	距署八十里
獅子塔	應徵銀一十三兩三分	距署六十里

西大莊窩　應徵銀三十六兩七錢二分　距署四十里

正甯一　應徵銀一十五兩五錢二分　距署八十里

榆皮窰　應徵銀二十八兩九錢五分　距署六十五里

破堡子　應徵銀五兩六錢九分　距署七十里

滑石二　應徵銀四十四兩六錢八分　距署八十里

東土城　應徵銀二十兩九分　距署三十里

西土城　應徵銀一十六兩四錢五分　距署三十里

土城圪洞　應徵銀一十四兩七錢　距署三十里

紫金山　應徵銀一十二兩六分　距署三十里

後東岔　應徵銀一十七兩七錢五分　距署二十里

西新莊窩　應徵銀六兩六錢　距署二十里

前東岔　應徵銀一十六兩三錢五分　距署二十里

西馬廠　應徵銀九兩　距署三十里

趙帽梁　應徵銀一十七兩七分　距署七十里

鹿頭碑　應徵銀三十六兩二分　距署六十里

椰青村　應徵銀九十七兩九錢九分　距署六十里

大沙灣　應徵銀一百三十六兩三錢三分　距署六十里

沙灣梁　應徵銀四十兩七錢一分　距署七十里

城灣村　應徵銀八十九兩四錢　距署七十里

陽峁上　應徵銀一十一兩二錢五分　距署三十里

雙廟子 距署三十里 應徵銀二十二兩四錢一分

三王墓 距署二十五里 應徵銀二十七兩八錢四分

缸房平 距署三十里 應徵銀四十五兩三錢二分

盈里 三十四村

朝天壇 距署三十里 應徵銀二十三兩七錢三分

不懺窖 距署四十里 應徵銀六十二兩七錢五分

黑草嘴 距署三十里 應徵銀一十五兩四錢

大黑樹梁 距署四十五里 應徵銀三十二兩二錢二分

小黑樹梁 距署六十里 應徵銀四兩四錢六分

獅子墕 距署五十里 應徵銀一十一兩九錢一分

豐樂村 應徵銀一十兩四錢八分 距署五十里

英嘴溝 應徵銀五兩二錢四分 距署三十里

沙墕村 應徵銀三十九兩九錢五分 距署五十里

塘子峁 應徵銀二十九兩一錢二分 距署五十里

武家梁 應徵銀一十四兩一錢八分 距署三十里

黑豆墕 應徵銀二十兩二錢 距署四十里

廟溝村 應徵銀一十一兩五錢 距署四十五里

杏花嘴 應徵銀六十二兩四錢七分 距署五十里

碓砲墕 應徵銀三十七兩五錢六分 距署四十里

常太莊 應徵銀二兩八錢五分 距署四十里

腦包梁應徵銀五十八兩九分距署三十里

岔河口應徵銀五十四兩七錢四分距署六十里

焦胡圪洞應徵銀三十九兩二錢六分距署六十里

大榆樹灣應徵銀二十七兩八錢距署九十里

井子墕應徵銀一十二兩距署六十里

五藍井應徵銀八兩八錢七分距署八十里

常家河應徵銀一十六兩六錢九分距署四十里

上柵稍墕應徵銀一十四兩八錢七分距署四十里

後城嘴應徵銀二十七兩三錢二分距署三十里

王家平應徵銀五兩五錢五分距署四十里

西上陽塔 應徵銀七兩二錢三分 距署三十里

喇嘛灣 應徵銀九十七兩九分 距署九十里

小榆樹灣 應徵銀一十八兩一錢八分 距署九十里

下柵稍塢 應徵銀一十九兩七錢一分 距署四十里

傅家梁 應徵銀一十一兩一錢三分 距署三十里

炭窯背 應徵銀一十五兩七錢五分 距署五十里

樓溝村 應徵銀一十兩四錢八分 距署三十里

火燒塢 應徵銀三十五兩二錢二分 距署五十里

甯里五村

孔讀林 應徵銀六十兩二分 距署五十五里

車鋪　應徵銀三十兩五錢二分　距署五十五里

蘆草溝　應徵銀二十兩二錢三分　距署五十三里

黃土坑洞　應徵銀三十七兩六錢八分　距署六十里

復興莊　應徵銀一十五兩九錢五分　距署四十五里

鑲藍旂三村

富民莊　應徵銀七十兩二錢　距署五十里

康盛莊　應徵銀九十兩　距署五十里

廣濟莊　應徵銀八十五兩五錢　距署五十里

新併馬廠四十一村

黑蛇溝　距署四十五里

達賴哈達　距署三十里

荒地梁距署三十里

薛家梁距署二十里

前咬刀兒兒距署六十里

青豆溝距署七十里

菠菜營距署七十里

前圐圙兒距署三十五里

查汗溝距署三十里

神崖村距署三十里

小廟子距署五里

燈籠速太距署四十里

納令溝距署五十里

石莊子距署六十里

後咬刀兒兒距署六十五里

波波代距署四十里

王桂枝窰距署四十里

後圐圙兒距署四十里

把兒溝距署四十五里

石壁上距署三十里

藺家山距署十五里

五良速太距署四十里

兩犋牛窰 距署四十里

胡德光窰 距署三十里

榆皮窰 距署十里

張拐窰 距署十五里

魏四窰 距署三十五里

樓溝窰 距署二十八里

善单窰 距署三十里

黑聾子梁 距署十八里

四犋牛窰 距署五十里

粗康窰 距署四十里

劉老婆窰 距署七十里

史藍太溝 距署三十里

生地灣 距署十八里

土溝子 距署三十五里

水泉子 距署三十五里

皮家溝 距署二十五里

喇嘛廟 距署三十里

紅木植溝 距署五十里

五速太溝 距署五十里

河西村莊

納令溝 距署七十里

乃莫板申 距署六十里

樹林圪咀 距署六十五里

東哈拉 距署六十里

西哈拉 距署六十里

窰圪旦 距署六十里

荒地村 距署五十五里

牛圈圪洞 距署六十五里

準隊窰 距署六十里

黃頭窰子 距署六十五里

腦爾毛窰 距署七十五里

永盛號 距署七十里

陽坡 距署七十里

李家灣 距署七十里

小窰溝 距署六十里

牛連溝 距署七十里

喇嘛梁 距署七十里

馬車圪旦 距署七十里

藍家窰距署七十里
陰窰子距署七十里
陽窰子距署七十里
曹家東溝距署七十里
黑四圪咀距署七十五里
把爾兎圪咀距署七十五里
大不連溝距署八十里
小不連溝距署八十里
通害溝距署七十里
二蘆堝距署七十五里

玻璃溝距署八十里
沙渠子距署八十里
郝碾房距署八十里
鄔碾房距署八十里
五藍蘇木兎距署九十里
梆郎速太溝距署九十里
史照溝距署八十五里
南窰子距署七十里
前堝三窰距署八十里
前塔子距署八十里

寸草溝 距署八十里

草梁山窯 距署七十五里

古爾半五素溝 距署七十里

官牛犋 距署八十里

後塢三窯 距署八十里

大塔子 距署八十里

碾房圪旦 距署七十里

毫賴蘇 距署七十里

枳機壕 距署九十里

黃羊圪缽 距署一百里

弓家壩 距署七十里

呂家塔 距署七十里

苗家塔 距署七十里

董家塔 距署七十里

放牛窯子 距署七十里

石堂溝 距署七十里

城壕 距署一百一十里

韓三窯 距署一百一十里

腦包溝 距署八十里

孔對溝 距署九十里

阿拉不拉距署一百里
特拉不拉距署一百里
納鈴溝距署一百一十里
椰林灘距署一百一十里
玻璃圪旦距署七十里
龍王渠距署一百里
阿代溝距署一百里
石拉板爾洞距署一百里
麻黄咀距署七十里
旂子灣距署七十五里

舍必兎溝距署九十里
兎圪令溝距署八十里
鉄蓋腦包距署一百一十里
柴腦包距署九十里
九枝榆樹溝距署一百一十里
木匠窰距署六十里
羅羅壋距署七十里
沙圪旦距署七十里
五犋牛溝距署七十里
門市窰距署六十五里

攻兜溝距署八十里

三達子塢距署七十五里

鴉爾崖溝距署七十里

二旦橋爾距署八十里

西圪咀距署七十五里

羅窖窰距署九十里

前房子距署七十里

三面窰距署七十里

頭旦橋爾距署八十里

三旦橋爾距署八十里

塩庭圪咀距署七十里

附義塚

義塚地一區約七十餘畝俗謂之一十八垧在廳署南平頂山上距署五里原係時里祁家溝甲逃戶牛通名下荒地應徵銀一兩一錢九分經前任通判定福施作義塚

古蹟八景附

古人所經歷之境，厥後遂播爲佳美之談，誠以蹟之有古足可增方隅之光，而壯山川之色，所謂人傑地靈也。清河屬在荒塞，雖乏瑰奇絕異之境，然亦自有可紀者。今特備著於篇，庶犁然可供覽焉。其未經採訪者，均從畧。志古蹟。

古城坡

在街中北山麓，相傳原係蒙古城郭，後傾頹，僅存土城敗墻半道而已。居民以其地向陽，且墻土堅硬，挖作窑洞而棲身焉。每年四月十八日賽會演劇，士女如雲，頗稱繁盛。

花園

在廵撿署相傳以為係四公主園囿導青龍渠水入園澆灌花木引入池沼至今渠流如舊而園亭池沼花卉無有存者惟依稀見臺榭形跡而已後人於中補建小亭三間今亦坍塌無存

聖泉寺

在西閣外五里許小廟村有靈泉一股由神像座下流出其色清碧其味甘冽四時不涸號曰暖泉飲之可療痼疾又號聖泉其流左右分派並能藉資灌溉蔬地百餘畝設遇天時亢旱官民祈禱雨澤於此虔誠取水無不立沛甘霖如響斯

應泉內產長生蘋其葉蒼翠欲滴四時長青凌冬不凋他處所無也

雷音寺

在廳西北七十里榆樹灣村相傳此寺係乾隆年間剏建因雷聲震撼危崖塌出石佛一尊高至數仞法像莊嚴其地上傍崇山之險巖下臨黃河之不測人民行旅經過或舟行到此均各誠心趨寺焚香祈祝平安可保無恙頗稱靈應

聖水洞

在廳東七十五里坡村舊有石洞一孔忽見神水哭出長流不涸乾隆十三年秋因大旱附近十數村黎民均趨洞求

水祈禱雨澤即獲普降甘霖遂供奉烏龍神像於洞中用昭神爽焉

千佛寺

在廳西七十里園子灣村由羊落灘渡口沿河順流而下十五里曰園子灣對岸山頭有千佛寺俗名喇嘛洞遊人從河岸山腳下盤旋曲折而上竒峰峭壁怪石嵯岈松柏成林雜木叢生頗稱勝境

古廢城

在廳西七十里下城灣河東山坡上有破城一座相傳即古之東隣州也河西岸山頂平塌處亦有破城一座相傳即古

之河陰州也城北臨河有石珠崖城南臨河有人頭趄又傳聞明成化二年因修府谷保德二城遂將此二城磚石駝運而去今惟見殘闕舊趾而已

腦包

在廳北五十五里三十一號村由靈樹平沿河逆流而上十里許有曰腦包者形如小山高約三四丈方圓約四五十畝石色紅紫若硃砂然其先在渾河西岸與托城屬之五藍不浪大塌相連嘉慶二十年八月十三日大風雷雨次日復大霧瀰漫連日河水漲發及雨止霧散水退而腦包已移過渾河東岸古立半計河南岸離鑲藍旂廣濟莊三十一號約四

里許惟是歷年賴此腦包以障河水沖刷村人於月之朔望必焚香拜祭附近蒙古於每年六月六日宰犧牲具香楮相率前來獻賽名曰祭腦包

石筆峰

在廳西六十里柳青河西對岸山凹中另有石樁直立高數仞形如筆尖因呼名為石筆峰云

飛泉瀑布

在廳西南九十里老牛灣口其村依山臨河村北山腰有飛泉一道形如瀑布水流激石有聲村人即於山坡下置水碓水磨其上山之路紆回盤曲石梯石磴層層相接有名為閻

王阜者尤稱險極云

當陽橋

在廳西北二十里許由渾河逆流而上約數里兩岸石山對峙其高數仞東西相隔約五六丈南北約數丈渾河之水從此中流而過其上傳聞葢即當日所謂當陽橋也今則東岸山坡窊處有取砌臺墩業已傾圯惟沿河西岸山麓有石盤相連並有石窠四個而已而橋之舊基無存村人傳言水内尚有石窠四個西山頂平處又有青石牌坊一座今亦無存矣此或即當日建橋遺址歟

石壁石洞

由當陽橋逆流而上約數里西岸有山名曰石壁高約數仞山腰有石洞洞口黑暗幽邃莫測淺深同治初有採煤人楊姓者結伴三人裹粮持燈往探據言從洞口入行十五六里旁有一口再行約數十里大石當前側身而過或高或低忽上忽下過此以往其地漸覺陡聞水聲潺潺其深莫測以石投之叮咚作響覺約丈餘上有獨木一株架作橋梁視之糟朽對面尚有一洞有門已為水阻至此粮盡不復前進返身退出業經二晝一夜矣後更無再入往探者

古木瓜樹

在廳西五十里梾木溝其村山硐錯雜林木叢生中有石炭

窰四座閭郡炊燃骨賴焉又有古木瓜一株圍可合抱枝幹如松鱗花似老梅每年三四月開盛開爍如銀粧花開五出瓣白心紅花落後而葉始生遂結子焉閭郡祇此一株更無他種蓋數百年間物也

八景附

嘗見方志每於疆域山川後必羅列數景以侈陳名勝率多粉飾附會揚厲鋪張無關體要然相沿已久何妨亦從衆為之姑附其名於古蹟後以便觀覽云爾

玉屏叠嶂

在廳署正南八里即平頂山也崇巖叠岫嵐翠青葱諸峰

羅列有如屏障焉

金益層巒

在廳署後一名真武山孤峰危聳峻嶺嵯峩重疊旋繞儼同華益云

清水瀠波

在廳署正南平頂山下清波細流曲折瀠洄環繞十有三道若玉帶然終年長流不涸嚴冬亦不結冰

渾河激漲

在廳北三十里石壁汎河流湍急入夏盛漲巨浪澎騰洪濤洶湧尤稱偉觀

榆灣漁唱

在廳西北七十里榆樹灣岸臨黄河當清明以前河冰初泮鯉魚肥美撥剌於渾波激浪之中漁人鼓枻聯舟罾網兼施漁歌互答

雉堞鷄鳴

在街中北傳聞為蒙古舊城基址天將曉時忽見城垣一區雉堞參差内有金鷄唱曉則羣鷄皆鳴日出乃止而城堞亦不見矣

小廟聖泉

在西閣外五里許小廟村聖泉寺有泉一股由神像座下

流出其色清碧其味甘冽四時不涸可療痼疾號曰暖泉
又號聖泉中有長生蘋其葉凌冬不凋蒼翠欲滴

雷音古佛

在廳西北七十里榆樹灣雷音寺相傳雷聲震塌危崖現
出古佛一尊其高數仞石像莊嚴村人於此𠕂建廟宇取
名雷音寺云

公署

在官之有廨宇所以懸法象肅觀瞻也雖一郡一邑而体統係焉昔周召伯循行南國舍於甘棠之下迨後民之愛之至於勿翦勿伐足徵遺愛在民自不能忘而况其為出治發號施令之所耶臨民者慎勿作傳舍觀也志公署

清水河廳署

在永安街東相傳係四公主府乾隆初年添設理事通判一員即以此府第改作衙署迄今百有餘年署內房屋多半坍塌光緒三十一年通判程世榮籌款重修並籌有的款永遠

發商生息以為歲修之資云
謹案阿附策倫敦篤其先係喀爾喀部長
聖祖仁皇帝康熙年間來歸
賜住歸化城大青山前建府第尚
四公主復以近邊一帶田地為湯沐邑自殺虎口閙邊招民
耕種田禾豐收商賈輻輳絡繹不絕地方稱極盛焉

監獄
在廳署大門內係乾隆二年添建光緒二十六年經通判徐
士豪請款重修

巡檢署

在永安街西乾隆二十一年通判納山承建光緒二十一年署巡檢沈德恭籌款修葺内宅房屋十餘間三十年巡檢吴家儒籌款重修

武營署

在西關外乾隆二十七年通判伊寶承建今廢

巡警營署

在東關内光緒二十一年通判程世榮籌款買民房改建捕盜營署二十九年改為巡警營署

附重修清水河廳衙署記

光緒乙巳為余任清之四年也秋七月上澣重修　土地

祠工竣行聳禋禮作大成樂笙璈疊奏賓朋咸集甚盛事
也而衙署適落成嗟乎蓄志於十年之前迺於十年後蕆
厥事是非蒼蒼者默為之助鮮克告成功也使無以誌之
不但修署之顛末無聞而被蒼默祐之功亦湮沒不彰也
何憾如之於是援筆而為之記曰清河環境皆山也金蓋
環其北王屏峙其南廳署依山面水誠勝境也舊為　四
公主府第乾隆初改設廳署因陋就簡規模狹隘殊不足
以壯觀瞻自是以來歷百十餘年風雨飄零房屋半就傾
圮岌岌乎有覆壓之虞矣甲午夏余權斯土睹茲景象慨
然有意興修適因修築河堤為清河一郡所關工程尤屬

緊要是以先河堤而後衙署經營兩年厥工始行告竣未
遑及此旋即瓜代修署之舉亦即作爲罷論歲辛丑又補
斯缺是余於清河有緣修署之功將因余而成也余亦幸
而與其功於六年之後得以遂余未竟之志也余亦不幸
不竣其功於六年之前不能盡遂余未竟之志也但迄今
五易寒暄其坍塌更不知何似矣是冬履任下車之始即
鋭意興修當與寅友商議擬將上房坐後數尺空出地基
以便修建二堂其餘缺者補之敝者正之務使内外一律
見新頓改舊觀然後惟其所願壬寅春赴城謁見　道憲
稟明情形擬將庫儲交代間款撥商生息作爲修署之資

當即邀准立案是年夏先修門房廚房內外房舍大概補葺已費一百五十餘金將就可以棲止閱三年乙巳積有成數然核實估計則鳩工庀材仍不敷原議之需於是酌量修葺涓吉興工內而上房左右耳房東西樓馬王殿馬棚外而照壁轅門均草故鼎新另行修建此外自大堂而宅門東西花廳堂外之吏兵工等科房儀門大門 土地祠並各處圍牆莫不因其舊有從而新之秩如彬如煥然改觀矣計自三月經始至七月落成凡閱五月之久日役工匠百十餘人共用工料銀一千二百兩有奇而始蕆事除修署生息悉數支用外其餘由余自行捐廉並未敢另

請公欵以示撙節是役也並時日則僑紳世長指畫一切則尹二尹寶樹吳少尉家儒購料則劉紳富武紳占元協修則馬哨官有功賈哨長世俊監工則五品軍功王斌余則隨時指點以總其成而已惟因欵項不足未能照原議興修尚屬憾事所幸者此項閒欵可以永遠生息作為歲修之需嗣後年復一年積有鉅欵擬仍將大堂從新修建增其式廓並就東花廳改建園亭多植花木以為公餘休息之所此余之有志未逮者也茲謹將修署源流暨勷事各員備列銜名鐫諸貞珉昭茲來許後之來者得悉斯事之顛末而於歲修加之意焉是則余之厚望也夫是為記

廟祀

祭法云法施於民以死勤事以勞定國能禦大菑能捍大患有功烈於民者則祀之清郡僻在邊荒凡壇壝祠廟之應載在祀典者尚多所闕略然而無淫祠邪祀以及浮屠老子之宮俗稱質樸茲將官民現所尸祝而秩祀者著於篇志廟祀

關帝廟

在廳署西乾隆十五年通判赫齡叔建三十七年通判富明添建廊廡嘉慶十年通判伊克坦布重修咸豐年間文宗顯皇帝頒發御製萬世人傑匾額一方敬謹懸挂每逢元

旦暨冬至各令節及恭逢
萬壽聖節均借廟宇爲
萬壽宮恭詣朝賀敬謹成禮
火神殿
馬王殿
在關帝廟兩廡嘉慶十九年通判同慶添建
龍神廟
在廳署東三里許雷鼭子坡康熙五十八年頭等侍衛黄忠
建修祈雨靈應光緒元年經升任通判定福詳請奏准
頒發甘霖普濟匾額一方敬謹懸挂用答神庥並因穀秀雙岐

泐石以紀其事

瘟神廟

五谷神殿

在龍王廟内添設年月無攷

吕祖廟

在關帝廟東光緒五年署通判奇瑛敕建

三官廟

在廳署東康熙年間建修

藥王殿

財神殿

在三官廟兩廡乾隆十五年通判赫齡添設

真武廟

在廳署後真武山上

文昌廟

河神廟

在街東閣上

觀音廟

在街西閣上

奶奶廟

在廳署東二里許南溝村坡上

倉神廟
在街中常平倉院內
大仙樓
在廳署東書院內頗著靈應
酇侯祠
土地祠
在廳署大門內東南隅剏建年月無考咸豐六年通判蔭德
納淼建樂樓一座並竪望杆一株每夜點燈一盞懸挂杆上
以補風水

義學

古昔黨庠塾序以教育乎人材而學校以興至周之辟雍魯之泮宮稱極盛焉我朝文教昌明一道同風固已無遠弗屆矣迺清河僻處荒塞蒙民雜居人無土著而學校闕如經良有司軫念教養設為義學以培植孤寒甚盛舉也惜乎地方枯瘠經費不充不足以敷束脩膏火之用諸多荒陋闕略擴充規模猶有待也是所望於司風教者矣志義學

在廳署西關帝廟外院東邊按清郡向係蒙古草地未設學校乾隆年間官民捐資在關帝廟左建蓋義學房舍一所日久廢弛屋舍傾頹無存同治七年通判塔思哈首先倡捐即於舊日基址改建窰房四間未及蕆事卸任復經通判恩堃捐廉以助經費延師開學以成其事經理生員朱轍等立碑志之現今每年延師修鐥先年原置有馬厰康盛庄籤子地一條半須稱年歲之豐嗇以定地租之多寡即將此項盡數為延師修鐥之需光緒十四年經通判馬允驥將公行應送冬至節禮銀一十七兩作為市錢六十千文撥歸義學作為常年經費二十九年經通判程世榮就義學舊有經費改建

初等小學堂一座並捐廉銀五十兩買小學堂應用書籍三十九部存儲禮房以備學生觀覽嗣奉文抽收戲捐每年約收錢三百餘千文全數作為學堂經費又於本街及四鄉添設初等小學堂五座戲捐一項業已如數用盡學堂規模粗備以後籌有的款再行擴充

本街官立初等小學堂二座一在呂祖廟後係公所地基一在西街係賃民房開設

四鄉官立初等小學堂四座

東鄉韭菜庄一座西鄉城灣村一座南鄉暖泉上一座北鄉五良速太一座

四鄉公立初等小學堂八座

東鄉楊家窰一座神池窰一座西鄉榔青一座南鄉廠菜窊一座東南鄉棘針溝一座西南鄉黃家營一座西北鄉大榆樹灣一座寬灘一座

功課章程

建置

學舍　三間　門房　一間

就義學舊有基址畧加修葺改設初等小學堂因人數無多將就可以敷用一俟款項充足再另擇地基按照小學堂建置章程修建

規則

總理一員　主持全學教育及統轄一切事宜

副辦一員　經管學堂内一切事宜及收發書籍等事

收支一員　總司全學款項出入及稽查登記各事

小學教習一員　專司教授學生功課

雜役一名　經理學堂内水火灑掃一切事宜

功課

修身　讀經　字課　歷史　地理　中國文字

人數

定以三十名為額如人數過多作為額外學生另列一班教

按

附學校

學額二名

清廳僻居塞外人無土著所以設官之始未定學校自光緒九年七廳改制經
升任山西巡撫張　奏准歲科兩案以二十名取一至多不得過二名在歸化城附棚考試取進生員歸七廳總學教諭兼管二十五年經
山西提督學政劉　奏准豐甯二廳合為一學歸薩托和清五廳合為一學額定廩生二名每五年出廩貢生一名仍歸

七廳總學教諭兼管

附重修義學碑記

古者家有塾黨有庠州有序國有學所以大陶成宏樂育也帝王宇御敷教與播時並命厚生以正德為歸則學重為世有升降學無古今是以郡邑皆以黌宫書院並有義學夫義學之設所以便窮民之無力延師者故情殷服古之士輙捐資以勷義舉俾良民子弟由小成以至大成罔弗歸於造就此義學之興所由來歟清郡本屬外藩之地迨至

國朝雍正年間始入版圖因民無土著未嘗設立學校關帝廟

側舊有義學一所不知建自何時歷年已久房舍傾圮僅存地基戊辰歲郡侯塔公欲重建學舍以為作育人材之所乃捐廉為倡而署侯恩公復捐廉膏火成之囑令巡廳周公與生員朱轍公正楊普董其事勸諭都人士量力資助遂鳩工庀材建立學舍四間户牖牆壁煥然聿新且辛勤搜訪得鑲藍旂康盛莊籤子地一條半每歲所獲田租除繳糧銀外以為延師修脯之費夫而後養正有方聖功不外是矣庚午冬工竣開學丐文於余以垂諸石余耳其事竊喜兩郡侯及都人士之嗜學好義者有志作育人材也又深幸此地之河清水秀鍾毓攸關不數年間必有砥

柱中流破巨浪於千里之外者遂忘其弗斐而樂爲之記
至於代遠年湮無爲棘叢無爲荆蔓是又有望於將來

新修清水河廳志卷之九

倉儲

葢聞耕三餘一耕九餘三食為民天有備無患古人所以重積儲也

國家設立常平以及義倉因非為我黎民起見偶遇偏災歉歲即行出糶散賑念切民依者所宜隨時設法買補還倉也今將清廳現在實儲者詳載於後以備存查志倉儲

常平倉

在廳署西古城坡下係乾隆二十七年添設光緒二十年通判馬元驥奉文領款重修

廒口七所

積字廒

貯字廒

充字廒

盈字廒

增字廒

滿字廒

人字廒

原額共儲穀三萬五百六十石咸豐十年通判吉昌盤出霉

變穀二千五十二石其餘儘數碾運甯夏等處充餉無存至

令尚未買補還倉

義倉

附常平倉内係八里各村公建年月無考

豐字廒

餘字廒

光緒二十九年捐積倉斗穀三千四百八十一石三十年捐

積倉斗穀三百六十六石共捐積倉斗穀三千八百五十一

石均由該紳耆等自行捐積現今實儲在倉

新修清水河廳志卷之十

職官

嘗思守此土治斯民守牧丞倅皆親民之官所謂民之父母也夫一命之士苟存心利物於人必有所濟掌其政令而帥以治之師以教之人民愛物爲心則父母斯民之道備矣至若循分守職無負設官之典胥民所不能忘也志職官

通判一員

清水河於乾隆元年新設歸化城西南路協理通判隸歸化同知統轄嗣於乾隆二十五年經山西巡撫鄂　奏准裁汰之協改爲實授通判仍隸歸化同知統轄乾隆二十九年經

山西巡撫和　奏裁歸化城通判摺內聲明和托薩清四通
判所管刑名事件徑詳歸綏道核轉毋庸由歸化同知管轄
矣光緒九年經　升任山西巡撫張　奏請七廳改制滿漢
並用奉
旨允准改爲撫民理事通判仍隸歸綏道統轄今僅將乾隆六
年以後歷任姓氏具列於篇其六年以前因卷宗年遠霉爛
散佚無存莫可查考姑闕疑焉

德寅　滿洲正藍旗人　乾隆六年任

常平　滿洲鑲黃旗人　乾隆九年署

伊勒圖　滿洲鑲白旗人　乾隆十二年署

赫齡 滿洲鑲紅旗人乾隆十五年任

海明 滿洲正藍旗人乾隆二十年任

納山 滿洲正白旗人乾隆二十一年任

伊賓 滿洲正紅旗官學生乾隆二十四年由協理任奏改為理事通判

富明 滿洲正白旗人乾隆三十七年任

蘇爾通阿 滿洲鑲黃旗人官學生乾隆四十年任

德興 滿洲正白旗監生乾隆四十二年任

靈保 滿洲鑲白旗人義學生乾隆四十三年任

積德 滿洲正藍旗人官學生乾隆四十四年任

春貴 滿洲正藍旗官學生乾隆四十五年任

舒敏	滿洲鑲紅旗貼寫中書	乾隆四十九年任
和德	滿洲鑲紅旗人吏部筆帖式	乾隆四十九年任
四德	滿洲鑲黃旗人舉人	乾隆五十四年任
覺羅德銘	滿洲正黃旗繙譯生員	乾隆五十五年任
三陽泰	滿洲正白旗筆帖式	乾隆五十七年任
噶爾炳阿	蒙古正藍旗繙譯生員	乾隆五十八年任
明安泰	滿洲正藍旗繙譯生員	嘉慶四年任
明祥	滿洲正白旗人	嘉慶五年任
伊克坦布	滿洲正紅旗繙譯生員	嘉慶六年任
珠爾杭阿	滿洲正白旗人清字經官議敘	嘉慶十年任

覺羅榮祿 滿洲鑲紅旂官學生 嘉慶十年任

德克登布 滿洲正白旂人 嘉慶十七年任

同慶 滿洲正黃旂筆帖式 嘉慶十四年任

吉齡 滿洲正黃旂人 嘉慶十九年任

恒朮 滿洲正黃旂舉人 道光元年任

保定 滿洲鑲白旗監生 道光二年任

魁英 滿洲鑲白旂官學生 道光四年任

齊里克諾爾布 蒙古正藍旂廕生 道光五年任

德福 蒙古鑲白旂筆帖式 道光五年任

文明 蒙古正藍旂官學生 道光十二年任

祥璋 蒙古正白旗監生 道光十五年任

覺羅盛福 正藍旗覺羅官學生 道光十六年任

興齡 滿洲鑲黃旗監生 道光十六年五月補

德楞額 滿洲鑲黃旗繙譯生員 道光十九年二月署

恩普 正黃旗覺羅官學生 道光十九年十月補

雙奎 滿洲正黃旗侍衛處筆帖式 道光二十一年二月署

盛福 道光二十一年七月署

薩克慎 滿洲鑲黃旗廩生 道光二十一年九月補

雙奎 道光二十四年三月補

覺羅清勳 滿洲鑲黃旗官學生 道光二十六年四月署

福申 滿洲鑲白旗繙譯生員 道光二十六年十月補

印德本 滿洲正藍旗文生員 道光二十七年七月署

福申 道光二十七年八月四任

薩克慎 道光三十年七月補

恩隆 滿洲正藍旗人監生兼襲世管佐領 咸豐元年十一月由岢嵐州調署

成裕 內務府鑲黃旗蒙古筆帖式 咸豐二年四月補

慶齡 滿洲鑲藍旗文生員 咸豐五年十月署

蔭德納 蒙古正白旗監生 咸豐六年六月補

賽音阿 蒙古正藍旗官學生 咸豐十年三月兼理

吉昌 滿洲鑲紅旗戶部筆帖式 咸豐十年四月署

成裕
咸豐十年十月補

塔恩哈
滿洲正黃旗官學生
咸豐十一年四月署

廣有
內務府鑲黃旗蒙古監生
同治元年三月補

德昌
滿洲鑲白旗監生
同治三年三月兼理

和陞額
滿洲正藍旗繙譯生員
同治三年四月署

塔恩哈
同治三年八月補

常桂
滿洲正紅旗繙譯生員
同治四年八月代理

塔恩哈
同治四年十二月回任

恩堃
滿洲鑲黃旗人國子監官學生
同治九年九月署

吉存
滿洲鑲白旗生員
同治十一年三月署

定福 滿洲鑲紅旂監生同治十二年六月補

恩彔 蒙古鑲白旂廕生光緒二年六月署

色勒 滿洲正紅旂官學生光緒四年六月補

奇瑛 滿洲鑲紅旂廕生兼襲騎都尉光緒五年署

璧珵 滿洲鑲白旂監生光緒六年署

文秀 滿洲鑲藍旂官學生翰林院筆帖式光緒六年十月任

馬元驥 甘肅蘭州府皋蘭縣廩貢生光緒九年經山西巡撫張奏請七廳改制滿漢並用由平陽府通判調補

榮昌 滿洲鑲藍旂繙譯生員光緒十四年十月署任

馬元驥 光緒十六年十月回任

程世榮 順天府大興縣監生原籍江蘇震澤縣光緒二十年五月署任

馬元驥　光緒二十二年九月回任

文麟　滿洲鑲白旗生員　光緒二十三年八月代理

曹燮　陝西榆林府廩貢生　光緒二十三年十月署任

徐士豪　安徽懷甯縣廕生　光緒二十四年十月由平陽府通判調補

熊承祖　湖北安陸府天門縣監生　光緒二十六年十月署任

賈栩　江西瑞州府高安縣舉人　光緒二十七年正月署任

程世榮　光緒二十七年十一月補

巡檢一員

係乾隆二十年添設今將歷任姓名開列於左

張增禧　乾隆二十年任

劉景軾 乾隆二十七年任

聶名標 湖南麻陽縣廩生 乾隆三十年任

李清成 乾隆三十七年任

蕭映斗 乾隆四十年任

陸士鈞 江蘇吳縣監生 乾隆四十三年任

翁堦 順天大興縣監生 乾隆四十四年任

康濟源 四川金堂縣監生 乾隆五十一年任

趙宜霖 江西南豐縣監生 乾隆五十二年任

汪元璠 河南夏邑縣附生 乾隆五十三年任

王裕灝 直隸淶水縣監生 嘉慶十二年任

徐御高	江蘇吳縣監生	嘉慶十四年任
張徽垣	順天大興縣監生	嘉慶十六年任
邱永嘉	順天大興縣吏員	嘉慶十八年任
林景周	浙江山陰縣議叙	嘉慶二十五年任
任達	湖北江夏縣翰林院供事	道光九年任
錢廷炲	浙江仁和縣監生	道光十九年二月代理
程晋佑	順天大興縣監生原籍安徽歙縣	道光二十年四月署
張樹烈	順天府涿州監生	道光二十一年五月署
劉必綱	江西吉水縣監生	道光二十三年五月署
許發[illegible]	順天宛平縣監生	道光二十三年十一月署

閔雲　湖北武昌府江夏縣典吏　道光二十四年五月補

于光晉　順天大興縣監生　道光二十五年三月署

段英杰　直隸延慶州人　道光三十年三月代理

戴致仁　浙江山陰縣人戶部吏員　道光三十年三月署

童培芝　順天大興縣監生原籍浙江會稽縣　咸豐元年五月署

饒士尊　江西萬年縣人監生　咸豐元年十二月補

周維琳　直隸蔚州人增生　咸豐三年三月代理

張紹濂　直隸通州人供事　咸豐五年四月代理

潘釗　浙江仁和縣人監生　咸豐五年四月署

徐鏈　直隸宛平縣人大理寺吏員　咸豐五年十月補

姓名	籍貫出身	任職
張紹濂		咸豐六年五月署
張璞	順天大興縣監生	咸豐八年二月署
沈炳	順天大興縣監生	咸豐十年三月署
徐貽泰	浙江錢塘縣監生	咸豐十一年九月代理
張韻	直隸南皮縣附生	同治二年正月代理
周霖	直隸玉田縣監生	同治二年六月補
沈炳		同治四年九月代理
沈廷淦	浙江歸安縣人監生	同治六年五月代理
曹遇亨	直隸樂亭縣監生	同治十年正月代理
存英	鑲黃旗漢軍監生	光緒元年四月代理

楚思孟　江蘇無錫縣人，俊秀，光緒二年四月代理

陳光祖　浙江山陰縣人，監生，光緒四年六月代理

蔡淦　湖南邵陽縣人，監生，光緒六年八月代理

姚桐書　直隸涿州人，監生，光緒七年三月調署

戴鴻翥　直隸滄州人，監生，光緒八年代理

沈守正　浙江歸安縣監生，光緒九年代理

周霖　光緒九年七月回任

金得恭　漢軍旗人，光緒十四年三月署任

吴家儒　直隸順天府宛平縣附生，光緒十四年九月補

曾廣晋　直隸灤州監生，光緒十九年八月代理

潘翊堃　直隸順天府大興縣監生　光緒二十一年三月代理

沈德恭　江蘇長州縣監生　光緒二十二年署

王益鏡　安徽含山縣監生　光緒二十四年八月代理

吳家儒　光緒二十三年三月回任

把總一員

清水河營汛於乾隆二十六年添設奉文將靖遠營屬新安汛把總移駐清廳西關外即於三十年十月新安汛把總龎壐帶領馬步兵丁來清駐劄以後迄今歷任姓名概無卷宗無從查考

韓昱　大同府行伍　光緒二十年任

於光緒二十八年經山西巡撫趙奏准裁撤

官俸役食附

通判一員

原設俸銀二十八兩向在朔州支領嗣照內地通判之例歲

支俸銀六十兩除原設俸銀外奉文於裁汰善昆二協官俸

役食項下添給銀三十二兩自乾隆二十六年八月二十日

奉

旨之日為始以後每年應領俸銀六十兩由藩庫請領原額設養

廉銀六百兩在藩庫請領嗣奉文裁汰善昆二協養廉銀共

一千二百兩奉文分給清廳銀二百四十兩自乾隆二十六

年八月二十日奉
旨之日為始以後每年應領養廉銀八百四十兩按季赴藩庫請
領
原設　門子一名　皂役六名　快役六名　捕役八名
馬夫一名　仵作一名　斗級四名　禁卒八名　更夫五名
共四十名每名每年給工食銀六兩共應領銀二百四十
兩向赴朔州支領嗣奉文裁去馬夫一名添設轎夫四名
共四十三名每歲應給工食銀二百五十八兩自光緒二
十八年四月初一日奉文裁去捕役六名現存三十七名
每年應領工食銀二百二十二兩按季由藩庫請領

巡檢一員於乾隆二十年添設

原設俸薪銀三十一兩五錢二分

養廉銀六十兩均由藩庫請領

原設弓兵十名刑皂二名

共十二名每名歲給工食銀六兩共銀七十二兩由藩庫

請領

升任山西巡撫張印之洞奏請七廳改制原摺

為晋邊七廳關繫重要今昔治理不同請將理事廳員仿

照直隸成案酌改撫民要缺以修邊政恭摺仰祈

聖鑒事竊惟晋省北境邊牆以外舊設理事同知通判七員管

理蒙民交涉事務隸於雁平道者曰豐鎮廳甯遠廳隸於歸綏道者曰歸化廳薩拉齊廳托克托城廳和林格爾廳清水河廳其轄境東接張家口察哈爾西當甯夏河套鄂爾多斯北走大青山外札薩克諸部蒙回雜廁客民來往在平時已號稱難治迨及近日有司曠官奸徒蕟聚闤闠苦於盤剝倉庫耗於侵牟乘墉伏莽方且環顧圖萬一之逞賈誼所謂厝火積薪正此之謂再不及此量能授官修明政事將為邊圉大憂其大要約有數端如蒙古放地一案自咸豐三年將烏拉特三公旂地

奏明封禁二十六處蒙古貪圖押租私放如故明拒暗招一

不遂意即以奉文攆逐為詞甚至東公出祖中公攆逐屬下出祖本公攆逐招新奪舊仇殺相尋弱肉强食無能阻遏將來終恐釀成事端往者民蒙交涉不過通易有無自内地生齒日繁相率耕於塞下游民屯聚日多及西陲用兵秦隴道梗如宋慶張曜金運昌劉景芳等軍頻年屯駐轉運其間其他西軍亦多設轉運分局諸軍往來早成孔道而市井白徒與夫脫離五籍者相為依附擾害蒙部劫掠行商聚衆稱亂如曹鴻照劉大刀杜二致煩官兵追剿日久甫行撲滅至歸化為漠南領袖包薩乃河套下游均屬商賈走集之所因市廛錢缺行使短陌錢一減再減僅

以四十餘文作抵千錢以上率皆寫帳過撥而大猾奸商遂以意增減銀價便利私圖又因油米麕集買空賣空名曰作盤定買實則大注賭博每一盤長落贏虧必在數十萬紙上下因而賄通官吏把持行市如臣前拿之劉定邦等皆得逞其心計勾串衙蠹內外分肥擾害商民以致市廛終歲惶惶不安其業又各廳藩部荒遼民不地著趨利亂法自為風氣健訟鬬很視等故常往往一呈控告多人一案懸及數載其命盜巨案地方並不依限呈報届及詣驗兇賊早已脫逃法令弁髦幾同化外夫以各廳目前治理情其難已十倍內地州縣何況近來洋人游歷動有蒙

古字樣而中俄新約增入俄界運貨赴津准由科布多歸化城行走之條該洋人形狀殊異言語殊離假令稍有齟齬難免滋生事端內憂外患有如此者乃歷考各廳員多不稱職由來已久即如近數年間豐鎮同知王麟甯遠通判佛爾根額富明歸化城同知常桂清水河通判慶啟托克托城通判慶熙薩拉齊同知定福皆因虐民害政先後被參落職核其交代則又無人不短無任不虧查各廳經征旗租米豆以供兵糈與州縣錢粮無異無如廳員揮霍者多謹慎者少以倉庫官物視等私財用之無少吝色如已革甯遠理事通判佛爾根額虧短正雜各欵銀四萬九

千餘兩已革豐鎮理事同知玉麟虧短正雜各款銀三千
五百餘兩已革甯遠理事通判富明虧短地租銀二萬八
千餘兩已故署豐鎮同知薩麟虧短正雜銀二千餘兩已
叅和林格爾通判惠俊虧短米二千餘石前署豐鎮同知
福增虧短旂租銀七千餘兩推原其故由於不諳律令惟
家丁書役之言是聽故上而虧
國下而朘民終以覆厥身家　臣與在省司道歸綏道暨曾任
邊廳各員博議深思在今日欲謀綏邊柔遠之規必求因
時制宜之道查豐鎮歸化薩拉齊三同知缺向例於理事
同知通判中升調甯清和托四通判缺專於　臣　衙門倖滿

筆帖式奏准以理事同通用者請補如無人
題請補放大率此項人員在各部院中原非上等出色之選
其才具固非絶無可造而不能通曉政體者居多以故既
苦竭蹶兼貽身累考
國初疆理建置之時蒙多民少政簡俗樸不得不專以旗員
治之然豐鎮本以通判甯遠本以衛所和托薩清本以協
理筆帖式自乾隆二十五年後始一律改設同通自以事
變日多法制日密今則出塞民人數倍於土著蒙部即土
黙特人等言語嗜欲亦全於漢民無異多不能通曉蒙古
語言文字遇有獄訟公事則每廳設有繙譯書識一二人

循例繙成滿蒙文其實官之與民都未甚鮮今昔情形迥

異則斷宜以為地擇人為先竊見比年來直隸奉天吉林

等省皆以籌邊切要於用人成格屢有變通並蒙

俞允仰見

聖人之道時措皆宜擬請將晉省口外七廳均改為撫民同通

要缺並酌照直隸張獨多三廳滿漢統用成案遇有七廳

同知缺出先儘本省實缺候補同知直隸州或調或補如

調補無人以實缺州縣升用遇有七廳通判缺出先儘本

省實缺候補通判或調或補如調補無人以實缺知縣升

用不拘滿漢惟取人地相宜仍責令該管道員隨時督飭

將緝捕詞訟錢粮交代暨綏輯蒙部交涉華洋各事宜加
意講求整頓庶於化俗安邊均有裨益其廳屬佐雜分防
營汛原已無關一切應循其舊惟口外七廳户口至今皆
稱寄民不編籍貫亦未立學士無進步農鮮恒心目前民
人讀書者甚衆歸化城廳舊有文廟近年兼有書院義學
士類喁喁久濡
雅化若將七廳一律設立學官學額澤以文教則為士為民各
有歸宿民氣馴擾政教易施為益甚大所有增置學官擬
於內地簡僻州縣有雙缺教官者改撥將來即附於朔平
府棚考試其未盡事宜各廳學額以及現任各廳員作何

分別留任改調之處俟部議覆准再飭司道詳議續行奏
陳抑臣更有請者現擬將七廳員缺援案改補乃爲邊要
擇人但外而六年俸滿内而候
題請放之筆帖式暨太原理事通判升階較隘未免向隅查
山西内地通判僅止三缺同知裁剩五缺除太原同知管
理鼓鑄潞安同知管理緝私澤州同知管理礦廠責重事
繁未便更張外擬請將汾州蒲州同知二缺專以本省實
缺旗缺通判酌量請升及筆帖式俸滿引
見後之候補理事同通酌量請補平陽汾州大同通判三缺專
以臣衙門俸滿之筆帖式酌量請補如無人則

題請補放期於有益邊政無妨仕途倘部臣以為內地同通
向無專用旂員之缺或即仿照直隸成案此七廳員缺徑
改為滿漢兼用勿庸另行抵還將太原理事通判臣衙門
俸滿以同通用之筆帖式於內地同通一律升用請補則
辦理尤為簡易臣為邊缺緊要中外交涉起見是否有當
伏祈
皇太后
皇上聖鑒敕部迅速核議施行謹
奏

新修清水河廳志卷之十一

營汛 附兵數餉乾

傳云有文事必有武備蓋致治以文爲先而戡亂以武爲要乃知二者固不可以偏廢也哉

國家敷文教亦重武功是以設險守固其於營伍之制無不至周且備因疆界之犬牙相錯也而分防設守各有專司矣兹將清水營汛及所轄各隘之地並其兵數餉乾均詳載於篇俾守土者有所參考焉志營汛

清水河營汛

原設把總一員係乾隆二十六年奉文將靖遠營屬之新安

汛把總移駐清廳西閣外原設馬兵十六名步兵四十名自道光十一年裁汰馬兵一名步兵三名咸豐四年裁汰馬兵二名步兵五名同治元年裁汰馬兵三名步兵八名共存三十四名自光緒二十八年一律裁汰

石壁汛鋪在廳北三十里

原設馬兵二名步兵四名今歸巡警營安設

紅沙口汛鋪在廳北八十里係和廳屬

原設馬兵二名步兵四名今歸和廳巡警營安設

捕盜營

原設經制外委一員額外外委一員馬兵三十名係光緒十

一年經山西巡撫奏准添設每年應領餉乾銀一千七兩
一錢六分按季由綏遠廳庫請領自光緒二十八年六月奉
文改為巡警營歸通判管帶

巡警營

哨官經制外委一員哨長額外外委一員馬兵十名步兵十
五名每年應領餉乾銀一千五百三十七兩二錢除將捕盜
營原領餉乾仍舊作抵外不敷之數由捕盜營建署生息暨
截留一半斗捐項下找給按季由歸化斗捐局請領

石壁汛鋪

設馬兵二名專司接遞來往公文半月換防一次

出防處所

韭菜莊　暖泉上　城　灣　五良速太

每逢冬令每處各設馬步兵二名

附餉章

哨官經制外委一員　月支銀十二兩　和建

哨長額外外委一員　月支銀十兩　和建

馬隊什長一名　月支銀六兩五錢　和建

馬兵十名　每名月支銀六兩　和建

步隊什長一名　月支銀三兩四錢　和建

步隊伍長一名　月支銀三兩二錢　和建

步兵十五名　每名月支銀三兩加建

驛傳 鋪遞附

皇華使命之往來官府文移之傳遞無一不關緊要此古人之所以設驛而置郵也清河一郡僻在荒區四面皆山車馬難行不臨大道亦鮮雜差並無傳驛之可紀茲將現存遞馬暨馬夫數目著於篇而以鋪遞附焉志驛傳

原設遞馬二匹

馬夫一名

日支夫馬工料銀兩向由藩庫請領

鋪遞附

原設鋪司三名在本街
乾隆二十七年添設和林格爾交界邊鋪二處
神崖村鋪司三名係和廳舊鋪歸併
獺兒壩鋪司三名係新添
共鋪司九名每名歲給工食銀六兩共應領銀五十四
兩向由
歸化城都統牛羊稅銀項下按季請領嗣於咸豐四年經
山西巡撫恒　奏准裁汰改設遞役四名所支工食仍舊每
名給銀六兩由　都統衙門請領

新修清水河廳志卷之十三

田賦 稅課

古者重民財惜民力賦惟什一役僅三旬厥後賦役繁興而
民生日困矣我
朝雜派加徵久已報罷屢次恭遇
覃恩頻行蠲免正項設有偏災歉歲復爲豁免緩徵其所以愛
養元元者至周且徧清郡地瘠民貧催科撫字豈易言哉是
所望於賢有司之勞心民瘼者矣志田賦
額徵八里米折正銀一萬七百四十六兩五錢五分五厘每
兩隨徵耗銀五分共額徵耗銀五百三十七兩三錢二分八

厘加徵一五畝捐銀一千六百一十一兩九錢八分三厘光
緒二十六年經
山西巡撫岑 奏准每兩加徵畝捐銀一錢五分隨徵傾銷
等費銀一厘五毫以俟賠款還清即行停止
光緒三十年奉文查報八里米折荒地三十五頃六十八畝九
分額徵銀七十六兩五錢二分五厘耗銀三兩八錢二分六
厘二毫
額徵廂藍旂厰租正銀二百四十五兩七錢耗銀一十二兩
二錢八分五厘加徵一五畝捐銀三十六兩八錢五分五厘
光緒三十年奉文查報廂藍旂厰租荒地五十二頃九十七畝

一分頟徵正銀七十四兩一錢五分耗銀三兩七錢七厘五

毫經

山西巡撫張　奏准停徵二年届時再查看情形招民認種

稅課

永安街設立斗牙二名

非菜莊鎮設立斗牙一名

每名每年頟徵稅銀一兩二錢　批解司庫

地畝稅銀四百餘兩　係活數無定

當稅銀三十餘兩　係活數無定

每年春季該當商自行解往歸化城副都統衙門充餉

坐賈釐金係自咸豐七年增納現今每年共抽收銀一百三十七兩有零儘數解交籌餉局充餉

酒稅銀五十餘兩活數無定係光緒二十九年加徵儘數批解藩庫

斗捐銀二十餘兩活數無定係光緒二十八年加徵一半批解藩庫一半留充巡警兵餉

坐商捐輸票銀二十四兩批解籌餉局票本銀解藩庫

戶口

民爲邦本苟無其人何以能國我
朝撫有方夏四海同風中外一體
聖澤之所涵濡久道化成休養生息固已二百餘年於茲矣宜
乎林林總總皞皞熙熙同登於仁壽之域而安其耕鑿之天
懿歟休哉其人民富庶之景象有日見其蕃衍孳長而莫之
有艾也志戶口
清水河廳所轄之境原係蒙古草地人無土著所有居民皆由
口内附近邊牆隣封各州縣招徠開墾大率偏關平魯兩縣

人居多迄今百有餘年休養生息支派蕃衍所在聚成村落

古人云一年成聚二年成邑三年成都信不虚也

本街

分爲四甲四十八牌計四百七十六户

男一千一百九十六丁

女九百八十五口

四鄉

分爲七十甲六百九十二牌計六千九百二十一户

男二萬零一百八十一丁

女一萬六千四百二十五口

蒙古計一十三户
男三十九丁
女三十六口

新修清水河廳志卷之十五

列女　烈婦　節婦　賢婦

一　令夫列女之名昉於劉向其所傳蓋不僅著貞節已也凡才與學有足為閨閫壼範之法鑒者胥必採焉厥後誌方志者踵事為例而無敢或違清河界在邊荒人民率多流寓凡有閨貞賢孝節烈俱各由其原籍詳請具題職此之故是以此地寥寥無幾茲特將有卷可查訪聞有據者悉著於編庶可藉資觀感焉志列女

烈婦三人

一　楊黃氏年四十五歲係楊正之妻原籍偏關縣人寄居廳屬

之陽井上村乾隆三十九年六月初八日夜因被本村人王
時鳳圖姦未成羞忿自縊身死時通判蘇爾通阿驗訊明確
詳請
山西巡撫具題經
部議覆楊黃氏准其
旌表乾隆四十年四月二十六日奉
旨依議欽此當經行文遵照請領建坊銀三十兩給發本夫楊正
收領在於本村大道邊建立牌坊一座
王杜氏係王增壽之妻原籍代州崞縣人寄居本街之花園
巷生有二子而家貧甚其夫素不務正日事賭博往往凍餒

之而氏蔡藿自甘備歷艱苦無怨言同治五年五月間其夫
他出不歸氏斷炊已三日矣因向居停常姓者假銅錢數百
暫救燃眉以俟夫歸不意常姓於授錢時頓起淫心遽而調
戲氏面發赤投錢驚走入室羞愧痛哭經鄰婦勸解未寢其
事次日其夫歸聞之怒指氏大肆辱罵氏羞忿無地自容遂
以薙刀自刺其喉未死復服毒殞命經有司驗明通報覆審
詳請具題嗣奉
部覆准其
旌表奉
旨依議欽此並賞給建坊銀三十兩

查畢氏係查文璽之妻原籍安徽懷甯縣人隨夫逃避兵燹
僑寓本街其夫染疾在牀氏衣不解帶日夕親侍湯藥祈禱
神祇願以身代無何夫病危殆而殁氏慟不欲生哀啼絶粒
既而念己子女一無所出又無親族可依且距故鄉數千里
而遥安能扶櫬歸里遂强起躬視含殮料理喪葬事宜並於
清置地爲夫卜葬宅穸既安即於是夜仰藥而死年三十八
歲夫一死有輕於鴻毛有重於泰山者今氏慟夫情切慷慨
捐生實屬義烈可嘉經通判定福詳請具奏旋奉
部覆准其
旌表光緒三年十二月十八日奉

旨依議欽此並賞給銀三十兩而官爲之建坊焉

節婦六人

何康氏係農民何德巍之妻原籍平魯縣人寄居廳屬之韭菜莊氏生而明敏性幽嫻貞靜于歸後操作勤儉孝親敬長睦族和鄰夫婦亦和好尚未生子而夫忽病歿時氏年二十九哀慟之餘營理喪葬既殯後遂邀族長議繼立猶子以爲嗣苦志守節三十餘載艱辛備嘗撫養嗣子至於成立爲之授室而氏年已六十餘矣今尚康強自若底里咸欽其懿範

公呈於原籍有司轉詳題請

旌表已奉部文覆准矣

何王氏係何德崇之妻居韭菜莊夫亡誓志堅守今六十五
歲戚族咸欽其閫範於光緒七年由原籍平會縣稟呈轉詳
題請
旌表已蒙部文覆准矣
范劉氏係祁家溝村范玉之妻翁姑早卒其夫以縫裘為業
生二子而夫病歿氏年二十九歲有子二一尚孩提一在襁
褓田無寸土儲無粒粟惟遺破土窰三間而已而氏乃茹荼
自甘飲冰勵節撫養孤子母兼父職寬嚴交濟持家勤儉井
臼躬操子漸長即令出就外傅讀書每飯必以美食予之而
己與次子則啖粗淡焉至次子讀書亦然而庭訓之嚴子雖

成長而出必告反必面無敢或違迫後恐子讀書無成即命習學匠藝遂成工師二子俱各成立娶妻生子今已抱孫而家門日漸饒裕矣良田數垧半農半工而氏猶兢兢日以勤儉為訓誡焉

武張氏係武家梁村武應龍之妻性貞靜于歸五載而夫亡氏年二十一有一女方四歲子生纔三月耳前室遺一女亦止數齡撫之如己出氏循分勵節飲蘗如飴上事姑嫜下撫兒女逾二載而翁姑相繼病歿營理喪葬罔不盡禮勤儉操作艱辛備嘗苦守幾三十載以勞瘁卒迄今子孫蕃衍家業興盛人皆以為苦節之報云

何郭氏係滙泉子村何廷貴之妻年二十八而夫病故生有三子俱幼氏本富室女閨中惟知刺繡及夫亡後竟能經理家政井井有條且於田畝中事凡耕耘刈穫躬率傭佃諸工人自晨至夕操作勞苦如男子故家業鼎盛尤勝於前撫養三子母兼父職教子成立或農或商各有所事氏今年七十有一尚康強無恙而孫曾繞膝矣族戚鄰里咸欽其懿行焉

楊王氏商民楊增有之妻寓居本街倉背後巷中于歸後歷生二子俱幼年二十七而夫病卒翁姑衰朽而老病在牀親侍湯藥日夜無倦及歿經理喪葬均各盡禮且克勤克儉苦志勵節精力消耗積勞成疾年五十有五遂淹然而逝今其

家門興旺子孫稱繁盛焉

賢婦二人

楊楊氏農家女係祁家溝村楊瀾存之妻早失怙恃其叔貧不能育童養於夫家其夫螟蛉子也姑已卒而翁亦衰老聾憊不堪經理家務夫弟又懦弱信婦言遂與氏夫婦分居各爨僅予薄田數垧而已翁與次子同居不免凍餒艱苦數載當光緒丁丑戊寅之歲饑饉頻仍翁益老病氏勸夫往迎翁返同居以便奉養惟貧家院無餘室氏不避嫌疑覓與衰翁同室而處起居飲食必潔必周雖乏甘旨之供而菽水承歡和顏順志必務得其歡心而後已迄於今子孫成立家門日

戚戚里咸稱為賢婦云

李祿之母傳者忘其姓氏生二子而寡家貧甚道光年間歲頻饑饉氏操作艱苦度日恒不給惟日採野菜雜糠粃以為食遂致一身癰腫亦無所怨悔其長子方數歲饑餓難忍私向隣家竊取其飯食之聊以果腹氏知之怒其濫行無恥恐將來流入匪類為穿窬盜賊之行有玷家門而辱宗祖遂以麻繩勒斃之時次子李祿尚在襁褓也夫父母之於子溺愛者十居八九至能大義滅親雖在丈夫輩亦不多概見不謂乃今於巾幗中見之嗚呼豈不戛戛乎難哉

新修清水河廳志卷之十六

風俗

夫因乎地者謂之風成乎民者謂之俗民生於是各囿於方隅之氣以少長飲食乎其間相習焉至於久而莫能以自變為望有臨民之責者為之優柔而利導之庶幾風移而俗易於以知風草之機其端甚速也誌風俗

清水一郡所屬幅員遼闊至千餘里原係蒙古草地所有居民並無土著大抵皆內地各州縣人民流寓而附近邊牆之偏關平魯二縣人為尤多其風氣各就所隸之地以成俗亦與邊外各屬不甚相遠其山岨峿阻積憑陵怒曼無廣川巨流

以疏其鬱塞而地處高寒四時多風飄振勁烈盡地氣然也
顧以地界蒙古俗尚質樸椎野頑鈍尚氣少通無論貧富總
以勤儉為主或農或商不事奇技淫巧夫郡既僻處邊鄙又
無桑柘麻枲之利故其人每艱於衣食少大姓巨族即富家
產無千金以上者有則便號稱雄罡乃嗜利孳孳錙銖必較
且疾病信祈禱不貴醫藥此其獘也民既多貧安其服食物
用之陋故列事無幾無異物奇貨即布帛尋常日用之需悉
自外來非地所產其價亦皆昂貴所有商賈主闤闠者率皆
邊內人或負販或坐售居民往往惰而拙於計焉至於婦女
拙陋不務妝飾然亦不省紡織每當農忙時多往隴畝中耘

草拔禾以助耘穫諺曰八月秋忙織女下牀其習俗然也

冠禮久廢

婚禮

嫁娶婚姻之禮民無土著亦無成規凡婚毋論貧富大抵必計貲財初定時惟憑媒妁通信往合兩姓之好書女子生年月日於紅箋帖上謂之送庚帖至財禮之多寡不等有小纖財禮者亦有大換帖者凡親友送禮與女家謂之添箱至娶時循利月擇吉日鼓樂迎娶婿不親迎新婦入門拜天地飲交杯而合巹焉次日拜祖先謁姑嫜由家族以及親友次第叩拜名為認大小第三日女偕婿同往母家歸甯名為回門

禮悉簡便尚無繁文女子皆早嫁年十四五已多有抱子者矣

喪禮

喪葬之禮所行不一各從其俗各處寄民之不齊又有貧富之異致所謂喪具稱家之有無也初歿之三日或五日或七日子孫抱捧靈牌至就近廟宇中告神名曰叫夜殯葬先期有請浮屠拜佛諷經者有延士人作誄文贊禮祭奠者又或翦綵為人號童男女者或以紙糊房院名為陰宅者親友則以楮鏹冥資麪供致禮焉葬後三日子孫等於黎明時以紙糊作鍋瓮等器送至墓所焚化謂之安鍋息親友亦來助祭

名曰服三尚無泥信堪輿之說卜地卜日動經歲月而遷延
不葬者

祭禮

農商士庶俱無家廟歲時伏臘均祭於寢室以紙畫牌位而
書名諱於其上懸而挂之謂其名爲雲而亦有設木主者至
清明孟秋望日孟冬朔日皆祭於墳塋謂之掃墓

立春節後天尚寒冷時多大風春分以後東風觧凍農事方動
清明前後草木甲拆甫種麥豆穀雨後徧種麻莜麥胡麻
立春前一日廳官率僚屬朝衣朝冠盛設儀仗迎春於東郊詣
芒神前跪拜行禮歸則鼓樂導前土牛芒神居後舁至公堂

而宴之次日立春時仍於芒神前行禮如前官僚各執五色絲鞭鞭牛使碎而禮成矣謂之打春夫迎春之禮絢爛清靜存乎官長之好尚而習俗相沿皆謂此禮熱鬧則年穀順成往往試之而驗禮從其俗可也

立夏前後時方漸暖堅冰始消種穀高粱小滿前後即種莜麥糜黍無種瓜菜雜豆夏至以後雖三伏盛暑惟日中炎熱然亦無需紗葛等衣早晚仍須御綿衣也

立秋後天已漸涼麥豆成熟處暑後莜麥亦收白露前後往往降霜寒露後百穀盡收野無田禾百草漸枯木葉脫落人年衣裘霜降節後天時雨雪土工不興

立冬以後地已凍實冰結不解冬至後水澤腹堅凍厚數尺積雪不消小寒大寒嚴風冷雪刮面如刀有墮指裂膚之懼

節序

正月元旦

元旦五鼓夙興闔屬商民燒栢葉放花爆雜陳牲醴餚饌焚香拜祀天地神祇次拜祖先畢乃長幼序拜黎明親族隣友名互相往來拜賀謂之拜年

初五日

是日謂之破五商民於黎明時掃室中穢土以筐盛之送置十字路傍名為送窮

十五日

上元佳節入夜街衢中懸燈籠火有扮作文故事歌唱沿街者曰秧歌有扮作武故事沿街打棒者曰社火又有以竹編船用彩色紙糊而飾之一人粧扮美女在船中沿街遊行名為船燈

二十日

是日名小添倉二十五日名為老添倉農民於曉間用莜面或白面黃米面揑作燈盞沿口揑小尖揚按月計數蒸熟時即面盞中水之多寡以下其月雨之多寡往往而驗是日以爐中炭灰畫圈於院中名為打窖小添

倉窖圈內埋麥豆老添倉窖圈內埋黍穀早晚俱焚香於內至晚卽點面燈於內名曰看窖

二月初二日相傳以為龍抬頭居民於黎明時用木桶向井汲新水中放銅錢數枚挑歸室傾入缸瓮內名引錢龍是日多薙髮名薙龍頭

清明前一日名寒食是日俗名鬼節居民家家拜祭墳塋凡新婦其姑必領之以祭墳男女孩童以木繫繩架作鞦韆為戲又以麥面捏作鳥形名寒燕兒以供兒女之嬉玩

四月初八日居民入聖母廟祈禱施油香而婦女尤盛有將廟中泥孩用紅繩拴繫者有點誌於身上者又將有將泥孩抱歸者名拴寄兒女

十八日古城坡每歲於是日賽會演戲士女如雲頗稱繁盛

五月初五日端陽節商民男婦均以艾簪髮以紅棗黍米糯米為粽飲雄黃酒小兒以五彩絲線繫項臂名曰鎖兒又以五色絲帛作為囊如雞心形內裝雄黃佩於身以避蟲毒農家於是日祭八蜡俗呼祭蚜蚄

二十五日大廟在東三里許雷胡子坡內祀龍神祈雨靈應每歲於是日酬神獻戲商民霧集士女雲屯稱極盛焉

六月十三日小廟村在西五里許有聖泉寺祀水神每年賽會祠牲演劇用答神庥舉國士女商民無不咸往遊觀且其地清幽有暖泉一股澄碧甘冽內有長生萍其葉蒼翠四時不凋他處所無尤稱佳勝是日遊人雜遝藉以踏青攜帶酒殽席地而坐嬉戲竟日至夕乃還

七月十五日是為中元亦名鬼節拜掃祖塋一如清明是日也居民用麥面蒸作美人形餽送戚里以供兒女之嬉玩比戶皆然

八月十五日中秋節商民以月餅瓜果等相餽送入夜則陳設瓜果月餅於院內焚香叩拜以供月光然後聚飲歡賞竟夕乃罷

十月朔日是日亦號鬼節民間呼為歲臘拜祭墳墓皆如清明中元並剪紙為衣焚於墓上或於夜間焚於門

外謂之送寒衣

冬至日是日亦拜祭墳塋如鬼節但賀冬之禮久廢不行矣士商家有於是日以紙為圖畫圈其中而墨染之仿古作消寒圖者

十二月朔日農人以麻豆油麥炒熟五更後居人家咸食之名曰咬鬼

初八日合扁豆雜米糧和棗果煮粥名臘八粥農家五更時即食俗傳誰家早食來年禾苗早熟農人打置冰片栽立糞堆中名臘八人俗傳為糞中不生蟲又是日僧人在關帝廟中邀衆諷經名雪山會並設施粥飯以濟窮困焉

二十三日晚設果餅餳糖於皂前焚香奠酒以祭皂名送皂神上天此後數日諸神朝天百無禁忌矣

歲除日是日晦日名除夕易門神換桃符貼春聯爆竹盈耳家家卑幼人等羅拜於尊長之前以次拜揖名為辭歲老幼團飲歡讌亦有通宵不寐者名曰守歲

兵氛

易云安不妄危治不妄亂蓋不妄亂則儆懼儆懼則防汛守禦之謀豫焉清郡僻處歸化城西南隅雖非用武必爭之地然濱臨黃河西與秦境毘連實屬塞外門户正宜思患豫防以固吾圉而綏吾民矣因備列之志兵氛

同治四年陝甘回匪滋擾逼近河干郡之正西黃河向有一十四處私渡處處與陝西接壤乃西來入境要隘回賊屢次窺視意在偷渡廳境戒嚴時廳倅塔思哈督率民勇爲固守計先將渡船提歸東岸於高崖峭壁處豎立旗幟以壯軍威晝

夜設法堵禦一面稟請 各憲添兵分駐沿河防守賊馬數
十騎時至窺探見地險渡斷我境有備防守甚嚴無隙可乘
未敢闌入嗣蒙 綏遠城將軍定札派記名提督劉景芳帶
領直字營馬隊五百名來清駐紮廳屬喇嘛灣沿河一帶以
資守禦閤郡賴以安堵焉

新修清水河廳志卷之十八

物產

王者不貴異物貴用物誠以五穀六畜材木果實之類雖無異產而民生衣食之源在焉清郡屬在荒陬民貧土瘠徼特無異物之可貴即絲枲布帛亦非其地之所產至於粟菽果蔬亦與塞外各屬不甚懸殊似可無庸紀之也雖然一粟一粒胥關

帝力即飛潛動植何莫非

聖澤之所涵濡而長養栽培者乎茲將土產各物分類具列於後以紀其實云爾志物產

穀之屬

稷　黍　穀　秫　高粱　麥　莜麥　油麥　叔　胡麻

華麻　菜籽　麻籽

蔬之屬

白菜　芥菜　山藥　茴子白　芹　葱　韭　蒜　芫荽

蘿蔔　胡蘿蔔　若蓮菜　蔓菁　茄子　苛藍　菠薐菜

蕨菜　蘑菇　甜苣　苦苣　豆角　金針　灰藋

瓜之屬

西瓜　黄瓜　菜瓜　甜瓜　南瓜　番瓜　葫蘆

果之屬

桃 杏 沙果 李 林檎

木之屬

松 栢 槐 榆 楊 柳 棣 杆

花之屬

玫瑰 葵花 蜀葵 石榴花 鷄冠 六月菊 九月菊

鳳仙 石竹 萱花 金銀花 紅蓼 草茉莉 金盞花

五簪 萬壽菊 雁来紅 牽牛花 粉團 丁香 紫荊

金蓮花 西番蓮 月季花 十様錦 金針花

草之屬

蒿 龍鬚草 長生蘋 莎 荻 蘆葦 苜蓿 菸 萍

藜
野艾
馬蘭
馬齒莧
茅
蒲

藥之屬

甘草
荆芥
酸棗仁
艾
益母
薄荷
車前
黄芪
野蔘
芫花
遠志
茵陳
枸杞
地黄
黄精
瞿麥
旋覆花
槐角
澤蘭
黄芩
麻黄
地膚子
蒲公英
柴胡
防風
知母
細辛
二丑
桔梗
粟殼
蒺藜
野菊
三稜
大戟
馬兜鈴
猪苓

羽之屬

鴨
鷄
鵓鴿
班鳩
燕
鵲
烏
鴉
鴟
鴞
雁
鷹
鷺
啄木
麻雀
鵪
鷂
蝙蝠
石鷄
白鷴

毛之屬

牛 馬 驘 驢 犬 豕 羊 狐 狸 兎 貓 鼠

黄羊 蝟 駱駝 麅 獐 山羊 狼

鱗之屬

鯽魚 鮊魚 鰍魚 鯉魚

蟲之屬

蜂 蜣螂 螻蟻 蜘蛛 螵蛸 土鼈 守宮 撲燈蛾

蠅 螳螂 蝴蝶 蚊 蝸牛 螢 蚯蚓 蜻蜓 蠐螬

蛾 促織 蟬 蟋蟀 蝦蟆 叩頭蟲 蜥蜴 百足蟲

螽斯 螻蟈 蚕 蚰蜒 臭蟲 蝨 螞蝗 蛇 顛當

螞蚱 蠅虎 樗鷄 蛙

貨之屬

石炭 木炭 紅土 白土 青石 沙石 浮石 紅礬

石灰 毡帽 毡子 蔴 粉条 蔴繩 毛頭紙